La marche de Portola et la découverte de la baie de San Francisco

Zoeth Skinner Eldredge

EJ Molera

Writat

Cette édition parue en 2024

ISBN : 9789359946498

Publié par
Writat
email : info@writat.com

Contenu

Introduction

Dans les annales de l'aventure, il n'y a pas de récits plus passionnants de persévérance héroïque dans l'accomplissement de leur devoir que le récit de l'exploration espagnole en Amérique. Pour ceux d'entre nous qui sont entrés en possession du beau pays qu'ils ont ouvert, le récit de leurs voyages et de leurs aventures présente le plus profond intérêt. Le récit de l'expédition de Portolá n'a jamais été correctement présenté. De nombreux écrivains en ont parlé, et HH Bancroft, dans son History of California, donne un bref aperçu du journal de Crespi . La plupart des auteurs sur l'histoire de la Californie se sont inspirés de Vida del VPF Junipero Serra et de Noticias de la Nueva California de Palou et, sans chercher plus loin, ont accepté le récit ecclésiastique. Nous nous sommes efforcés dans cette esquisse de donner, sous une forme claire et concise, les conditions qui ont précédé et conduit à l'occupation de la Californie.

L'importance de la Californie dans le contrôle du Pacifique fut très tôt reconnue par les grandes puissances européennes, dont certaines n'avaient que peu de respect pour la bulle du pape Alexandre VI divisant le Nouveau Monde entre l'Espagne et le Portugal. L'Angleterre, la France et la Russie envoyèrent des expéditions répétées dans le Pacifique. En 1646, l'Amirauté britannique envoya deux navires chercher dans la baie d'Hudson un passage du nord-ouest vers la mer du Sud, dont l'un portait le nom significatif de Californie. Le voyage de Francis Drake, 1577-1580, était une entreprise privée, mais à Drake's Bay, il proclama la souveraineté d'Elizabeth et nomma le pays New Albion. Deux cents ans plus tard (1792-1793), le capitaine George Vancouver explora la côte de Californie jusqu'à trente degrés de latitude nord (Ensenada de Todos Santos), qui, dit-il, « est la limite la plus méridionale de New Albion, telle que découverte par Sir Francis. Drake, ou Nouvelle Californie, comme l'appellent fréquemment les Espagnols. Même après l'occupation et la colonisation par les Espagnols, leurs établissements étaient si faibles que, comme Vancouver le rapporte à l'Amirauté, il ne faudrait qu'une petite force pour arracher à l'Espagne ce bien le plus précieux. Mais bien que l'affaiblissement croissant de l'Espagne présageait le moment où son emprise sur l'Amérique allait se relâcher, le niveau de l'héroïsme individuel ne fut pas abaissé, et les réalisations de Portolá et d'Anza se rangent au même rang que celles de De Soto et Coronado. L'explorateur californien n'a pas eu, il est vrai, à se frayer un chemin à travers des hordes d'indigènes féroces. Les Indiens de Californie, en règle générale, recevaient les aventuriers blancs avec plaisir et les divertissaient avec toute l'hospitalité qu'ils avaient à offrir, mais les Indiens au nord du canal de Santa Barbara n'étaient qu'un groupe pauvre. Dans un pays riche en gibier de toutes sortes, une mer regorgeant de poissons, un sol capable de produire toutes sortes de denrées alimentaires, ces misérables indigènes vivaient dans un état de famine chronique.

Comme pour ses qualités héroïques, ainsi que pour son habileté et son jugement, Portolá défend les meilleures traditions d'Espagne. Le succès d'une expédition dépend du caractère du chef. Pánfilo de Narváez débarqua sur la côte de Floride en avril 1528, avec une armée bien équipée de trois cents hommes et quarante chevaux, soit seulement la moitié de la force avec laquelle il avait navigué depuis l'Espagne en juin précédent, et des trois cents hommes qu'il dirigeait. En Floride, seuls quatre ont survécu pour atteindre la civilisation – les autres ont péri. Ce n'est là qu'un exemple de leadership incompétent. Lorsque Portolá organisa son expédition pour la marche de la baie de San Diego à Monterey, beaucoup de ses soldats étaient malades du scorbut et, à un moment donné, la liste des malades comptait dix-neuf hommes, dont le gouverneur et Rivera, son officier en chef. Seize hommes durent être transportés, et à trois, in extremis, le viatique fut administré ; mais il les fit tous passer et revint à San Diego sans perdre un seul homme.

Il existe deux journaux complets de cette expédition, l'un du Père Crespi et l'autre d' Alférez. Costansó . Il existe en outre un journal de Junípero Serra sur la marche de Velicatá à la baie de San Diego, dont une traduction est imprimée dans la revue Out West (Los Angeles), mars-juillet 1902. Il est de peu de valeur pour l'étudiant de histoire. Il existe un journal de Portolá , cité par Bancroft, et un Fragmento d'Ortega, également utilisé par Bancroft. Nous ne les avons pas vus. Il y a des lettres de Francisco Palou, Juan Crespi et Miguel Costansó , imprimées dans Out West pour janvier 1902. Le journal du Père Crespi est imprimé dans Noticias de la Nueva California de Palou . Documentos para la Historia de Mexico, réimprimé à San Francisco, 1874. Le journal de Miguel Costansó se trouve à la bibliothèque Sutro . Il n'a jamais été imprimé. Il est précédé d'un récit historique dont une mauvaise traduction a été publiée par Dalrymple, Londres, 1790, et une meilleure par Chas. F. Lummis dans Out West, juin-juillet 1901. Dans Publications de la Historical Society of Southern California, Vol. II, Part 1, Los Angeles, 1891, un certain nombre de documents de la collection Sutro sont imprimés, avec des traductions de George Butler Griffin. Ceux-ci concernent les explorations de la côte californienne par des navires en provenance des Philippines, les deux voyages de Vizcaino, avec quelques lettres de Junípero Serra, et les journaux du voyage du Santiago vers la côte nord en 1774.

Le croquis soumis ici est le résultat de nombreuses études de documents originaux, et l'itinéraire de l'expédition est tracé après une étude minutieuse de la géographie physique lorsque cela est possible, et dans d'autres cas, par les cartes profilées du Geological Survey, en suivant les instructions. et la langue donnée par les journaux. Parmi les livres imprimés consultés figurent

Vida del Padre Junipero Serra de Palou et ses Noticias de la Nueva California, mentionnées ci-dessus. La conquête du Grand Nord-Ouest, Agnes C. Laut , New York, 1908 ; Histoire de la Californie par HH Bancroft ; Traités de navigation, Cabrera Bueno, traduction, Dalrymple, Londres, 1790 ; La découverte de la baie de San Francisco, George Davidson et Francis Drake sur la côte nord-ouest de l'Amérique en 1579, du même auteur ; Actes de la Société géographique du Pacifique.

En vue du prochain Festival de Portolá , le Comité de Promotion de Californie, par l'intermédiaire de son Comité de Réception, a nommé trois de ses membres pour compiler l'histoire de la première expédition pour l'établissement de la Californie. Dans le but d'approfondir nos connaissances sur la vie et le caractère de Portolá , le comité a pu, grâce aux efforts d'un de ses membres, faire une recherche minutieuse parmi les archives de Madrid, du Bureau des Indes à Saville, du Ville de Mexico et de Puebla, et bien que nous ayons encore peu de choses à montrer concernant Portolá , nous avons reçu d'autres documents de la plus haute importance pour l'histoire de San Francisco : une chronique des événements qui ont suivi la découverte de la Baie.

Par édit royal, une expédition maritime pour l'exploration des côtes nord-ouest de l'Amérique partit de San Blas au début de l'année 1775. Elle se composait de la frégate Santiago, sous le commandant en chef, Don Bruno de Heceta ; le paquebot San Carlos, sous les ordres du lieutenant Ayala, et la goélette Sonora, sous les ordres du lieutenant Bodega. Le lieutenant Ayala fut chargé d'explorer la baie de San Francisco, tandis que le Santiago et le Sonora naviguaient vers le nord. Bodega découvrit la baie qui porte son nom, et Heceta (pour épeler son nom comme on l'écrit habituellement) découvrit le fleuve Columbia. Bancroft (History of California), en donnant Vida de Palou comme autorité pour son récit court et incorrect de l'enquête d'Ayala, dit : "Il est regrettable qu'il n'existe ni carte ni journal de cette première enquête." C'est avec plaisir qu'il nous est permis de présenter au public ces documents importants, maintenant imprimés pour la première fois, et nous regrettons seulement que le peu de temps imparti pour leur étude nécessite peut-être ultérieurement quelques corrections mineures.

Nous avons également reçu du Ministre de la Marine d'Espagne, Don José Ferrano , en date du 14 juillet 1909, un dessin du paquebot San Carlos, accompagné du dossier de son vaillant commandant, Don Juan Manuel de Ayala.

Ayala est né à Osuna, Andalousie , le 28 décembre 1745. Il entra dans le Corps des Marines le 19 septembre 1760 et fut nommé Alférez de Fragata , le 10 octobre 1767 ; Alférez de Navio , 15 juin 1769 ; Teniente de Fragata ,

28 avril 1774 ; Teniente de Navio , février 1776 ; et Capitan de Fragata , 21 décembre 1782.

Lorsque l'ordre d'exploration de la côte nord fut donné, Ayala était l'un des officiers affectés à ce travail. Il arriva à Vera Cruz en août 1774, se rendit à la ville de Mexico et reçut l'ordre du vice-roi Bucareli de se rendre à San Blas, où il reçut le commandement de la goélette Sonora. L'escadre d' Heceta était à peine en route, que le commandant du San Carlos, Don Miguel Manrique, devint soudain fou. Ayala reçut l'ordre de prendre le commandement du paquebot, et revint à San Blas avec le malheureux officier, pour suivre l'escadre quelques jours plus tard.

En décembre 1775, Ayala effectua une reconnaissance sur la côte de la Nouvelle-Espagne, et à la fin de celle-ci fut placé au commandement du Santiago, et jusqu'en octobre 1778, il servit les nouveaux établissements de Californie. En août 1779, il fut envoyé aux îles Philippines pour commander le San Carlos, puis retourna à San Blas en 1781. En juillet 1784, il retourna en Espagne et le 14 mars 1785, il fut mis à la retraite, à sa propre demande. , l'ordonnance royale lui accordant l'intégralité de son salaire en tant que capitaine de frégate en contrepartie de ses services en Californie. Il décède le 30 décembre 1797.

Zoeth S.Eldredge,

EJ Molera ,

Charles H. Crocker,

San Francisco, août 1909.— Comité.

LA MARCHE DE PORTOLÁ ET LA DÉCOUVERTE DE LA BAIE DE SAN FRANCISCO

Par Zoeth S. Eldredge

L'esprit populaire accepte l'affirmation souvent répétée selon laquelle la colonisation de la Californie était due au zèle pieux d'un prêtre dévoué, désireux de sauver les âmes des païens, complété par les soins paternels d'un monarque soucieux du bien-être de ses sujets. Les exigences politiques du moment sont oubliées ; les commandants militaires et les gouverneurs civils sombrent dans l'insignifiance et deviennent de simples exécutants de la volonté sacerdotale, tandis que les efforts héroïques de Junípero Serra pour convertir les indigènes, son courage face au danger, son zèle sublime et son dévouement infatigable, font de lui l'instigateur facteur dans la colonisation de la Californie.

La conception populaire selon laquelle l'Église a ouvert la voie en Californie n'est pas non plus étrange, quand on comprend que c'est vers les écrits de Fray Francisco Palou, ami, disciple et successeur de Junípero , que tous les historiens se tournent pour rendre compte de l'occupation. Fray Palou détaille la vie glorieuse du leader avec lequel il a travaillé ; il fait l'éloge du digne prêtre, de l'ardent missionnaire, qui parcourait le pays, fondant des missions, plantant la vigne, l'olivier et l'arbre fruitier dans une terre dont les habitants avaient souvent souffert de la faim ; apporter aide et réconfort aux malades et aux fatigués et consolation aux mourants. En effet, les photos des padres sont fascinantes. Les établissements naissants implantés par l'Église devinrent riches et puissants, mais l'administration des prêtres était si sage et douce et leur hospitalité si généreuse que la vie en Californie dans le premier quart du XIXe siècle était une existence presque dolce far niente.

Aussi radieuse que soit la figure sacerdotale de Junípero dessinée par Palou, l'enquêteur attentif découvrira que le facteur déterminant de l'occupation de la Californie était une stricte nécessité militaire, et non le zèle missionnaire. Depuis l'époque de Cabrillo, l'Espagne revendiquait les côtes du Pacifique jusqu'à quarante-deux degrés de latitude nord par droit de découverte, mais plus de deux cents ans s'étaient écoulés et elle n'avait rien fait pour faire valoir ce droit par la colonisation. Le pays était ouvert à la colonisation par toute nation suffisamment forte pour entretenir et protéger ses colonies.

Avant de raconter l'histoire de la marche de Portolá , considérons un instant la situation de la Californie dans ses relations avec l'Espagne et les autres nations européennes, et nous comprendrons alors pourquoi l'Espagne a jugé nécessaire d'occuper le pays.

Lorsque Legaspi acheva la conquête des Philippines en 1565, il renvoya son vaisseau amiral, le San Pedro, en Nouvelle-Espagne sous le commandement de son petit-fils, Felipe Salcedo, avec l'ordre d'arpenter et de tracer une route praticable pour les navires revenant des îles. Le San Pedro quitta Cebu le 1er juin 1565 et suivit sa route est-nord-est jusqu'aux Ladrones, de là vers le nord jusqu'à la latitude trente-huit, de là naviguant vers l'est, en suivant le Kuroshiwo , le Courant Noir du Japon, ils touchèrent terre à la côte de Californie à peu près à la latitude du cap Mendocino. Une navigation de deux mille cinq cents milles le long des côtes de Californie et de la Nouvelle-Espagne amena les voyageurs au port d'Acapulco. Cette route fut tracée par les prêtres à bord du San Pedro et fut pendant près de trois siècles celle suivie par les galions d'Espagne naviguant de Manille à Acapulco. La traversée du Pacifique fut longue et les navires en détresse furent obligés de faire escale et de se diriger vers le Japon. Un port sur la côte californienne dans lequel les navires pourraient trouver refuge et réparer les avaries était grandement souhaité. Une étude des côtes inconnues de la mer du Sud, comme on l'appelait, fut ordonnée, et il fut également suggéré que les explorations s'étendent au-delà du quarante-deuxième degré de latitude nord, étant considéré que la côte faisait partie de la même continent que celui de la Chine, ou n'en était séparé que par l'étroit détroit d' Anian , qu'on croyait s'ouvrir à la latitude quarante-deux.

Jusqu'à cette époque, la seule exploration de la côte nord de la Californie était celle de Juan Rodrigues Cabrillo, et poursuivie après sa mort par son chef pilote, Bartolomé Ferrelo , en 1542-1543. Cabrillo a navigué aussi loin au nord que Fort Ross, ancré dans le golfe des Farallones , à l'entrée du Golden Gate, puis a cherché refuge contre les terribles tempêtes sur l'île de San Miguel, dans le canal de Santa Barbara, où il est mort. Ferrelo prit le commandement et navigua jusqu'au cap Mendocino, qu'il nomma en l'honneur de Don Antonio de Mendoza, premier vice-roi de la Nouvelle-Espagne.

Le 17 juin 1579, Francis Drake, commandant du Golden Hinde, se réfugia dans la baie située sous Point Reyes, aujourd'hui connue sous le nom de Drake's Bay. Il prit possession du pays au nom de la reine Elizabeth et le nomma New Albion, à cause des falaises blanches qui, écrit l'aumônier Fletcher, « s'étendent vers la mer », et aussi « pour qu'il puisse avoir une certaine affinité avec notre propre pays ». ". C'est à cet endroit et à cette époque que fut célébré le premier service anglais en Amérique, par Maître Francis Fletcher, aumônier de Francis Drake. La « Croix du livre de prières » au Golden Gate Park, à San Francisco, commémore l'événement.

Drake resta dans cette baie trente-sept jours, réaménagea son navire, s'approvisionna en bois et en eau, et navigua le 23 juillet vers les Farallones du sud-est , où il déposa un stock de viande de phoque, et le 25 il traversa le Pacifique pour L'Angleterre par le cap de Bonne-Espérance.

En 1585, le capitaine Francisco de Gali , naviguant pour les Philippines, reçut l'ordre de naviguer, lors du voyage de retour, aussi loin au nord que le temps le permettait, et en atteignant la côte de Californie, d'examiner les terres et les ports sur le chemin du retour. , faites des cartes de tout et rapportez tout ce qu'il a accompli. Il ne ressort pas du rapport de Gali qu'il ait accompli quoi que ce soit de particulier. Il atteignit la côte par 37° 30' de latitude (Pillar Point) et constata que la terre était haute et belle ; que les montagnes étaient sans neige, et qu'il y avait de nombreuses indications de rivières, de baies et de refuges le long de la côte.

En 1594, le capitaine Sebastian Cermeñon , marin portugais au service de l'Espagne, s'embarqua pour les Philippines avec des ordres similaires à ceux de Gali . En tentant d'arpenter la côte, il perdit son navire, le San Agustin. On suppose qu'il a frappé l'un des Farallones et s'est échoué dans la baie de Drake. À partir du tronc d'un arbre, ils construisirent un bateau, appelé viroco , et dans ce bateau, l'équipage de plus de soixante-dix personnes continua le voyage de retour. Le petit navire atteignit Puerto de Navidad en toute sécurité, et ici le commandant et une partie de la compagnie le laissèrent sous la direction du pilote Juan de Morgana, avec un équipage de dix hommes, qui l'amenèrent à Acapulco le 31 janvier 1596. ; un voyage des plus remarquables de près de deux mille cinq cents milles effectué par des naufragés, des malades et des affamés, entassés dans un bateau non ponté. Avec la perte du San Agustin, les explorations de la côte californienne par des navires chargés en provenance des Philippines prennent fin.

Quelque temps avant l'été 1595, le vice-roi de la Nouvelle-Espagne, Don Luis de Velasco, conclut un accord avec certaines personnes en vue de l'exploration des côtes des Californies et du peuplement des terres. La contrepartie de cette entreprise, qui devait être aux dépens des aventuriers, était le privilège de la pêche et du commerce des perles, ainsi que tous les honneurs, faveurs et exemptions habituellement accordés aux pacificateurs et aux colons des nouvelles provinces. Les préparatifs de l'expédition étaient en cours lorsqu'un différend survint entre le chef et ses partenaires de l'entreprise et que l'affaire fut portée devant les tribunaux. Avant qu'une décision ne soit prise, le chef mourut et le juge ordonna aux autres partenaires, parmi lesquels se trouvait Sebastian Vizcaino, de commencer le voyage vers les Californies dans un délai de trois mois. En vertu de cet ordre, Vizcaino s'adressa au vice-roi Velasco et reçut sa permission de faire le voyage. Telle était la situation lorsque, le 5 octobre 1596, Velasco fut relevé et qu'un nouveau vice-roi, Don Gaspar de Zúñiga y Azevedo, comte de Monterey, prit le commandement. À la demande de Velasco, Zúñiga fit un examen attentif de toutes les questions relatives à l'expédition en Californie , et le résultat ne fut pas favorable à Vizcaino. Le nouveau vice-roi ne pensait pas qu'une entreprise susceptible d'entraîner des résultats d'une telle importance devait être confiée à la direction d'une personne à la position aussi obscure et au capital limité. Il doutait également que Vizcaino ait la résolution et la capacité nécessaires pour une si grande entreprise, et il lui semblait que si des désordres survenaient parmi ses hommes par manque de discipline, ou si les indigènes du pays vers lequel il se dirigeait le repousseraient . , la réputation et l'autorité royale du roi seraient en danger. D'un autre côté, il y avait la décision du tribunal, la concession du vice-roi et le fait que Vizcaino avait déjà payé des frais dans cette affaire. Zúñiga fit part de ses doutes à l'ancien vice-roi, qui, dans sa perplexité, soumit la question à un théologien et à un juriste, choisis, comme l'écrit le vice-roi, parmi ceux dont les opinions méritaient la plus grande considération. Leur décision fut que la concession du vice-roi avait force d'accord et de contrat ; que ce qui était d'abord une faveur était devenu un droit, et que, comme le capitaine n'avait manifesté aucune incapacité et n'avait commis aucune offense, le pacte ne pouvait être modifié. L'audience 2 , devant laquelle Zúñiga a également porté l'affaire, était du même avis. Compte tenu donc de la longueur de l'affaire, le vice-roi résolut non pas d'annuler le contrat, mais de faire tout ce qui était en son pouvoir pour assurer le succès de l'expédition. Pour que les soldats de Vizcaino puissent le respecter et l'estimer, le vice-roi le revêtit d'autorité et lui montra le plus grand honneur. Il demanda à Vizcaino de lui fournir des mémorandums et des inventaires complets des navires et des lanchas qu'il avait l'intention d'emmener avec lui, avec leurs voiles et agrès, le nombre de personnes et leurs provisions, armes, munitions et tous autres biens, et il ordonna aux officiers royaux d'Acapulco que l'expédition ne devait pas être autorisée à naviguer tant qu'elle n'aurait pas été entièrement dotée de tout le nécessaire pour le voyage et la sécurité du peuple. Le Conseil des Indes, après avoir reçu le rapport de Zúñiga , lui ordonna d'annuler la commission de Vizcaino et de choisir un autre chef pour l'expédition, mais avant que cet ordre parvienne au vice-roi, Vizcaino avait navigué. L'expédition comprenait le vaisseau amiral San Francisco, six cents tonnes ; le San José, un navire plus petit, sous le commandement du capitaine Rodrigo de Figueroa, et une lancha. Vizcaino quitta Acapulco en mars 1596. Sa première escale fut au port de Calagua , sur la côte de Colima, où il embarqua une partie de son personnel et des magasins, et à ce stade, le vice-roi vigilant envoya un représentant personnel pour veiller à ce que Vizcaino se conformait à toutes ses exigences et rendait compte de la conduite de ses soldats. De là, Vizcaino a navigué vers le nord-ouest jusqu'au cap Corrientes, de là vers le nord jusqu'aux îles de San Juan de Mazatlan . De Mazatlan, il traversa le golfe de Californie à l'ouest et au nord-ouest et débarqua dans une grande baie qu'il nomma San Felipe, connue plus tard sous le nom de baie de Cerralbo . De là, il se rendit à la baie de La Paz , qu'il nomma ainsi en raison du caractère paisible des Indiens, qui le reçurent hospitalièrement avec des cadeaux de poisson, de gibier et de fruits. C'est, semble-t-il, l'endroit où Jiménez, le découvreur de la Californie, perdit la vie en 1533, et où Córtez implanta sa malheureuse colonie deux ans plus tard. En entrant dans la baie, le vaisseau amiral courut sur un haut-fond, et l'on fut obligé de lui couper les mâts et de l'alléger de sa cargaison de provisions, dont une grande partie était mouillée et perdue. Ici Vizcaino débarqua et construisit une palissade, et laissant le vaisseau amiral démantelé et les hommes mariés de sa compagnie sous le commandement de son lieutenant Figueroa, il s'embarqua le 3 octobre, avec le San José et la lancha et quatre-vingts hommes pour explorer le golfe. Il rencontra de violentes tempêtes qui séparaient ses navires, et, n'ayant pas une discipline appropriée parmi ses hommes, eut des ennuis avec les Indiens de la côte, au cours desquels dix-neuf hommes furent perdus par le renversement de la chaloupe du navire. Il retourne à La Paz, où ses hommes, découragés par les tempêtes et la perte de leurs camarades, demandent à être renvoyés en Nouvelle-Espagne. Son stock de provisions s'épuisant, il plaça les mécontents sur le vaisseau amiral et sur la lancha, il les renvoya, et avec le San José et quarante des hommes les plus aventureux, il s'embarqua de nouveau, le 28 octobre, vers les sources de le golfe. Pendant soixante-six jours il lutta contre de forts vents du nord, et ne réussit qu'à atteindre la latitude vingt-neuf ; puis cédant aux exigences de ses hommes, il s'embarqua pour le port des îles de Mazatlan .

Les résultats de l'expédition n'ajoutèrent rien à la réputation de Vizcaino, mais il fit un rapport des plus élogieux sur ses découvertes. Il parlait d'une terre double de l'étendue de la Nouvelle-Espagne et dans une situation bien préférable ; ses mers regorgent de perles d'excellente qualité et de poissons de toutes sortes, en quantité plus grande que celle contenue dans aucune autre mer découverte ; tandis qu'à l'intérieur du pays, à une vingtaine de jours de voyage vers le nord-ouest, se trouvaient des gens qui vivaient dans des villes, portaient des vêtements, avaient des ornements en or et en argent, des manteaux de coton, du maïs et des provisions, des volailles de la campagne (dindes), et de Castille (poulets); c'est ce que lui dirent les Indiens, non seulement en un seul endroit, mais en plusieurs. Il demanda la permission d'effectuer un autre voyage et, comme la dernière expédition avait épuisé ses propres ressources, il demanda qu'on lui accorde trente-cinq mille dollars du trésor royal et l'équipement de ses navires. Il s'engagea à rembourser ces avances sur les premiers gains qu'il aurait reçus pendant le voyage. Il demanda aussi, au nom de ceux qui l'accompagnaient, que les pays qu'il soumettait à la couronne leur soient donnés encomienda pour cinq vies 3 ; qu'ils soient faits gentlemen et qu'on leur accorde toutes les faveurs, exemptions et libertés dont jouissent les autres gentlemen, non-seulement dans les provinces des Indes, mais aussi en Espagne. Pour ces faveurs et pour d'autres faveurs demandées, Vizcaino accepta de partir avec cinq navires, équipés d'une artillerie appropriée, de cent cinquante hommes, d'armes et de munitions, de provisions, etc., — tout ce qui était nécessaire au voyage. Il paierait au roi un cinquième de tout l'or, des pierres précieuses et des substances minérales précieuses obtenues, un dixième du poisson capturé et un vingtième du sel obtenu. Il accepta également de découvrir toute l'Ensenada et le golfe des Californies , de prendre possession des terres au nom de sa majesté, d'établir des colonies, de construire des forts et d'explorer le pays à l'intérieur des terres sur une distance de cent lieues.

Le rapport rose de Vizcaino n'a pas trompé les autorités, mais comme il avait l'équipement nécessaire et avait une certaine expérience, le Conseil a décidé qu'il était le meilleur homme pour diriger l'expédition, bien que Zúñiga ait préféré Don Gabriel Maldonado, de Saville, comme commandant. . Le Conseil ordonna que Vizcaino reçoive du trésor royal tous les fonds nécessaires ; il accordait le bénéfice de l'encomienda pour trois vies, et que les découvreurs auraient tous les privilèges des gentilshommes dans toutes les Indes. Il accordait également d'autres privilèges mineurs et avantages demandés. Vizcaino fut nommé capitaine général de l'expédition et quitta Acapulco le 5 mai 1602, avec l'ordre d'explorer les côtes des Californies , du cap San Lucas au cap Mendocino, ou aussi loin au nord que la latitude quarante-deux. Ses navires étaient le San Diego, vaisseau amiral, le Santo Tomas, sous Toríbio Gomez de Corvan , le Tres Reyes, une petite fragata ou annexe, sous Alférez Martin Aguilar, et un barcolongo pour l'exploration des rivières et des baies <u>4</u> . Le pilote en chef de l'expédition était Francisco Bolaños qui avait été l'un des pilotes avec Cermeñon sur le San Agustin perdu. Trois carmélites aux pieds nus s'occupaient des besoins spirituels des aventuriers. L'histoire de ce deuxième voyage de Vizcaino est bien connue. Le 10 novembre, ils se trouvaient dans la baie de San Diego, que Vizcaino nomma en l'honneur de San Diego de Alcalá , dont ils passèrent la journée, le 14 novembre, dans la baie, ignorant le nom de San Miguel que Cabrillo lui avait donné soixante ans auparavant. . Plus tard dans le mois, il entra et nomma la baie de San Pedro , en l'honneur de saint Pierre, évêque d'Alexandrie, dont c'était le 26 novembre. Il a également nommé les îles encore connues sous le nom de Santa Catalina et San Clemente. Il traversa ensuite et nomma le Canal de Santa Barbara, dont le jour saint, le 4 décembre, était célébré dans le canal, et fut également nommé Isla de Santa Barbara et Isla de San Nicolas. Passant Punta de la Concepcion, qu'il nomma <u>5</u> , Vizcaino remonta la côte dans un épais brouillard qui, le 14 décembre, se leva, révéla aux voyageurs la haute chaîne côtière habituellement aperçue par les navires venant des Philippines. Quatre lieues plus loin, ils virent une rivière couler des hautes collines à travers une belle vallée jusqu'à la mer. Aux montagnes, il donna le nom de Sierra de la Santa Lucia, en l'honneur du saint dont on venait de célébrer le jour (le 13 décembre), et au ruisseau il nomma Rio del Cármelo , en l'honneur des frères carmélites. En contournant une haute pointe boisée, qu'il nomma Punta de los Pinos , il jeta l'ancre dans la baie de Monterey , le 16 décembre 1602. Ici Vizcaino trouva le port de refuge tant désiré , et il le nomma en l'honneur de son patron, le Conde de Monterey. Vizcaino a profité de sa découverte, et dans une lettre au roi, écrite dans la baie de Monterey, le 28 décembre 1602 [6], il donne une description des plus élogieuses de la baie, qui n'est, au mieux, qu'une rade ouverte. Les Indiens, comme d'habitude, lui parlèrent des grandes villes de l'intérieur, qu'ils l'invitèrent à visiter, mais Vizcaino ne put s'attarder. Ses provisions étaient presque épuisées, ses hommes étaient malades du scorbut, dont beaucoup étaient morts, et mettant les plus impuissants à bord du Santo Tomas, il l'envoya à Acapulco pour obtenir de l'aide et s'embarqua le 3 janvier 1603 avec le vaisseau amiral et fragata , pour le nord. Une tempête sépara bientôt les navires et ils ne se revirent plus jusqu'à ce qu'ils se rencontrent dans le port d'Acapulco. Vizcaino fut informé par le pilote Bolaños que Cermeñon avait laissé dans la Baie de Drake une grande quantité de cire et plusieurs coffres de soie, et il entra dans la baie le 8 janvier pour voir s'il restait des vestiges du navire ou de la cargaison. Il n'a pas atterri, mais a attendu l'arrivée de la fragata . Comme elle ne parut pas, il devint inquiet et partit le lendemain matin à sa recherche. Le 13, un violent coup de vent du sud-est le pousse vers le nord. Ceci fut suivi d'un épais brouillard, et lorsqu'il se dissipa, il se retrouva à la latitude quarante-deux - la limite de ses instructions - avec le cap Blanco en vue, « et la tendance de la côte en avant », écrit-il, « vers Le Japon et la Grande Chine, qui ne sont qu'à une courte distance. » Seuls six de ses hommes purent désormais garder le pont, et il s'embarqua pour Acapulco, où il arriva le 21 mars 1603. De la compagnie qui naviguait avec lui, quarante-deux étaient morts.

En 1606, Philippe III, roi d'Espagne, ordonna que Monterey soit occupée et que des dispositions soient prises pour secourir et réarmer les navires philippins. Il ordonna que le commandement de l'expédition soit confié à Vizcaino. Ses ordres ne furent pas exécutés et Vizcaino s'embarqua pour le Japon, d'où il revint en 1613 et mourut trois ans plus tard.

Pendant plus de cent soixante ans, aucune mesure n'a été prise pour la pacification et la colonisation de l'Alta California. Les galions continuèrent à faire leurs voyages annuels vers les Philippines et, en revenant, naviguèrent le long de la côte en vue de la belle terre ; mais aucun port de refuge ne fut établi et aucune tentative de colonisation du pays ne fut faite.

Finalement , le roi d'Espagne commença à comprendre que s'il voulait conserver ses possessions en Amérique, il lui fallait prendre des mesures pour les protéger. La souveraineté espagnole dans le Pacifique était menacée. Les Russes avaient traversé la mer de Béring, s'étaient établis sur la côte de l'Alaska et leurs chasseurs étendaient leur chasse à la loutre de mer dans les eaux plus au sud. L'Angleterre avait arraché le Canada à la France et était prête à tourner son attention vers les possessions américaines de l'Espagne. Le pacte familial des princes Bourbon de France, d'Espagne et d'Italie avait suscité la colère de Pitt, alors au zénith de sa renommée, et il résolut d'exiger une explication de l'Espagne et, ne la recevant pas, de l'attaquer chez elle. et à l'étranger avant qu'elle soit prête, déclarant qu'il était temps d'humilier toute la maison de Bourbon. Un échec dans le cabinet provoqua la démission de Pitt, mais en 1766, il fut de nouveau rétabli au pouvoir avec vigueur et arrogance sans relâche.

Le 27 février 1767, Don Carlos III d'Espagne publia son célèbre décret expulsant les jésuites des dominions espagnols. Cette société avait établi un certain nombre de missions en Basse-Californie, et Don Gaspar de Portolá , capitaine de dragons du régiment d'Espagne, fut nommé gouverneur des Californies et partit de Tepic avec vingt-cinq dragons, vingt-cinq fantassins et quatorze frères franciscains pour déposséder les jésuites et remettre les missions californiennes aux franciscains.

Le roi ayant été averti de l'avancée des Russes sur les côtes septentrionales de la Californie, ordonna au vice-roi de la Nouvelle-Espagne de prendre des mesures efficaces pour préserver cette partie de ses domaines du danger d'invasion et d'insulte. Pendant que le vice-roi cherchait une personne suffisamment importante et capable d'organiser et de réaliser une si grande entreprise, Don José de Galvez, visiteur général du royaume et membre du Conseil des Indes, offrit ses services et se porta volontaire. se rendre en Basse-Californie et effectuer l'organisation et l'équipement de l'expédition. Ses services furent acceptés avec enthousiasme et Galvez quitta la ville de Mexico le 9 avril 1768 pour San Blas, sur la côte de la Nouvelle Galice. Avant d'arriver à ce port, il fut rattrapé par un courrier du vice-roi apportant des ordres tout juste reçus de la cour ordonnant qu'une expédition maritime soit immédiatement envoyée à Monterey et que ce port soit fortifié. Convoquant la Junte à San Blas le 16 mai 1768, le señor Le visitador leur exposa la situation et les souhaits du roi. Il a déclaré que sur les côtes extérieures ou occidentales des Californies , l'Espagne revendiquait du cap San Lucas au sud jusqu'au Rio de los Reyes 7 par 43 degrés, bien que la seule partie occupée soit du cap San Lucas jusqu'à 30° 30'. 8 La partie civilisée ou chrétienne de la communauté (gente de razon - gens de raison) ne comptait pas, dit-il, plus de quatre cents âmes, y compris les familles des soldats de la garnison de Lorette et celles des mineurs du sud. ; que si des étrangers d'une nation quelconque devaient s'établir dans les célèbres ports de San Diego et de Monterey, ils pourraient s'y fortifier avant que le gouvernement puisse en être averti. Dans toute la mer du Sud qui baigne les côtes de la Nouvelle-Espagne, il n'y avait pas d'autres navires que les deux paquebots récemment construits à San Blas, le San Carlos et le San Antonio, et deux autres de petit tonnage qui servaient aux missionnaires jésuites. dans leurs communications entre la Californie et la côte de Sonora. Dans ces quelques navires se trouvaient toutes les forces maritimes qui auraient pu s'opposer à une invasion étrangère. Galvez présenta tout cela devant la junte, en présence du commandant du département et des officiers et pilotes de l'armée qui se trouvaient là par hasard. Il fut résolu d'envoyer une expédition par mer dans le San Carlos et le San Antonio, et des ordres furent donnés pour préparer les navires, tandis que Galvez se rendit dans la péninsule pour s'occuper du rassemblement des approvisionnements et des provisions. Toutes les missions de Basse-Californie furent mises sous apport de vêtements et de vases sacrés pour les nouvelles missions à établir, ainsi que des fruits secs, du vin, de l'huile, des chevaux de selle et des troupeaux de mulets ; car Galvez avait décidé de compléter l'expédition maritime par une expédition terrestre, de peur que les risques et les dangers infinis qui accompagnent un long voyage maritime ne rendent la tentative avortée. Le gouverneur, Don Gaspar de Portolá , se porta volontaire pour diriger l'expédition et fut nommé commandant en chef. Don Fernando de Rivera y Moncado , capitaine du présidio de Loreto, fut nommé commandant en second. Les troupes étaient composées de quarante cavaliers du présidio de Loreto en Basse-Californie, sous les ordres de Rivera, et de vingt-cinq fantassins de la compagnie franca de Catalogne, sous les ordres du lieutenant Don Pedro Fages . Aux troupes présidiales se joignirent trente Indiens chrétiens des missions, armés d'arcs et de flèches. Ceux-ci étaient destinés à l'expédition terrestre. La mission de Santa Maria, la mission la plus septentrionale de la péninsule, était le rendez-vous des forces terrestres, et de Loreto quatre briquets chargés de provisions pour l'expédition terrestre furent envoyés remontant le golfe jusqu'à la baie de San Luis Gonzaga, point le plus proche de la mission de Santa Maria, où allaient aussi par terre les troupes, les muletiers et les vaqueros, avec les troupeaux de toute espèce. Trouvant des pâturages insuffisants pour le bétail à Santa Maria, ils s'avancèrent jusqu'à Velicatá , distante d'une trentaine de milles, et c'est ici que fut rassemblée l'expédition terrestre. En plus des officiers nommés, Don Miguel Costansó , enseigne des ingénieurs royaux, reçut l'ordre de se joindre à l'expédition en tant que cosmographe et chroniqueur, et Don Pedro Prat fut nommé médecin. Pour servir les soldats et prendre en charge les missions à établir dans le nouveau pays, les prêtres missionnaires suivants, tous du collège de San Fernando au Mexique, furent nommés pour accompagner l'expédition. Fray Junípero Serra, nommé président des missions d'Alta California, Fray Juan Crespi , Fray Fernando Parron, Fray Juan Vizcaino et Fray Francisco Gomez.

Le 6 janvier 1769, au port de La Paz, le San Carlos était chargé et prêt à prendre la mer. Le vénérable Père Junípero Serra a chanté la messe à bord et, avec d'autres exercices de dévotion, il a béni le navire et les étendards. Le visitador nomma le Señor San José patron de l'expédition et, dans une fervente exhortation, enflamma les esprits de ceux qui s'apprêtaient à naviguer. Il s'agissait de Don Pedro Fages , avec ses vingt-cinq catalans du 1er bataillon du 2e régiment, des Voluntarios de Cataluna , Alférez Miguel Costansó , du chirurgien Don Pedro Prat et du Padre Fernando Parron. Le navire était commandé par Don Vicente Vila, lieutenant de la marine royale ; le second était Don Jorge Estorace , et vingt-trois matelots, deux garçons, quatre cuisiniers et deux forgerons constituaient le reste de l'équipage du navire, soit soixante-deux en tout. Ils embarquèrent dans la nuit du 9 janvier et appareillèrent le 10. Galvez nomme Fages gefe de las armas — chef de l'expédition militaire en mer, et lui chargea de conserver le commandement des soldats à terre jusqu'à l'arrivée du gouverneur à Monterey 9 . Le 15 février, le père Junípero remplit les fonctions du San Antonio, et il s'embarqua le même jour sous le commandement de Don Juan Pérez, « de la navigation des Philippines », avec à son bord Frays Vizcaino et Gomez, des charpentiers, des forgerons et des cuisiniers, cela, avec les matelots, faisaient environ quatre-vingt-dix personnes, en tout, sur les deux navires. Le rendez-vous était la baie de San Diego , où tous devaient se retrouver.

L'expédition terrestre était divisée en deux parties. La première division, dirigée par Rivera, partit de Velicatá le 24 mars et la seconde, sous le commandement du gouverneur, le 15 mai. Avec Rivera étaient Padre Crespi , Pilotin (Compagnon) José Cañizares . Vingt-cinq soldados de cuera 10 , trois muletiers et onze Indiens chrétiens, soit quarante-deux hommes. Avec le gouverneur marchait Junípero Serra, quinze soldados de cuera , sous les ordres du sergent José Francisco de Ortega, deux domestiques, muletiers et indiens, quarante-quatre en tout. La veille, le 14 mai 1769, dimanche de Pâques, Junípero fonda la Mission de San Fernando avec Fray Miguel de la Campa comme ministre. Pour le secours et le soulagement des forces, tant maritimes que terrestres, Galvez construisit, à San Blas, un navire qu'il nomma en l'honneur du protecteur de l'expédition, le San Jose, et le chargeant de fournitures et de provisions, l'envoya avec ordres de rencontrer l'expédition à Monterey. Elle a été perdue en mer.

Il y a très peu d'intérêt à cette marche de quelque deux cents milles à travers un pays aride jusqu'à la baie de San Diego. Le journal de Junípero est devant moi 11 ; c'est un récit morne de petits incidents de la marche, des Indiens qu'ils ont rencontrés, des barrancas qu'ils ont traversés, avec des commentaires pieux, etc. ; aucun parcours, aucune distance parcourue ou autre information similaire nécessaire à la compréhension de l'itinéraire et du pays. En tant que chroniqueur, il n'est pas comparable à Crespi . Le 20 juin, ils arrivèrent les premiers en vue de la mer à l'Ensenada de Todos Santos ; de là leur voyage se fit par la mer jusqu'à ce qu'ils arrivèrent au rendez-vous. À l'approche de San Diego, leurs alliés indiens commencèrent à déserter, visiblement par peur des Diegueños, qu'ils commencèrent à rencontrer en grand nombre et qui se révélèrent un groupe de vauriens. Ils envahissaient le camp et devenaient une véritable nuisance par leur mendicité et leur vol. Ils demandèrent à Junípero sa robe et au gouverneur sa cuera , son gilet, sa culotte et tout ce qu'il portait. L'un d'eux réussit à convaincre Junípero d'enlever ses lunettes pour les lui montrer et, dès qu'il les eut entre les mains, il s'enfuit avec elles, causant au prêtre mille difficultés pour les récupérer. Le 27 juin, le sergent Ortega, avec ses éclaireurs, se dirigea vers San Diego et annonça au camp inquiet la proximité du gouverneur. Rivera renvoya dix de ses soldats avec des chevaux frais avec Ortega, et Portolá , avant son commandement, atteignit le camp le 29 juin, et la division entière arriva le 30 juin, en bon ordre et en bon état, à quarante-six jours de Velicatá .

Anticipons leur arrivée et vérifions le sort des autres divisions de l'expédition. Depuis plus d'un siècle et demi, les eaux calmes de la baie de San Diego n'étaient perturbées par aucune embarcation plus redoutable que les radeaux tule (balsas de enea) des indigènes, lorsque le 11 avril 1769, un navire silencieux entra lentement. la baie et a jeté l'ancre non loin du point où maintenant le ferry pour Coronado quitte la cale. C'était le San Antonio, premier arrivé au rendez-vous. Aucune tentative ne fut faite pour atterrir, car ils étaient seuls et le scorbut redoutable les tenait aux prises. Deux étaient morts et la plupart des membres de l'équipage du navire étaient malades. Le 29, le San Carlos arrive, à 110 jours de La Paz, avec sa compagnie dans un état encore pire. Tous étaient malades, certains étaient morts, et seuls quatre marins restaient debout, aidés à faire fonctionner le navire par les soldats qui pouvaient aider. Elle avait été poussée loin de sa route ; s'étant trouvée à court d'eau, elle dut se rendre dans l'île de Cedros pour s'approvisionner, et ce fut avec les plus grandes difficultés qu'elle atteignit la baie de San Diego. La première chose à faire était de trouver de l'eau potable et de soigner les malades. A cet effet débarquèrent, le 1er mai, Don Pedro Fages , Don Miguel Costansó et Don Jorge Estorace , avec vingt-cinq hommes, soldats, matelots, etc., tous capables de faire leur devoir, et, remontant le rivage , trouva, par la direction de quelques Indiens, une rivière de bonne eau de montagne à une distance de trois lieues au nord-est. Rapprochant leurs navires le plus près possible, ils préparèrent sur la plage un camp qu'ils entourèrent d'un parapet de terre et de fascines, et montèrent deux canons . A l'intérieur, ils bâtirent deux grandes tentes-hôpitaux avec les voiles et les auvents des navires, et dressèrent les tentes des officiers et des prêtres. Ensuite, ils ont transféré les malades. Le travail était immense, car tous étaient malades, et la liste de ceux qui étaient capables d'accomplir leur devoir quotidien se réduisait. Les difficultés de leur situation étaient très grandes. Presque tous les médicaments et les vivres avaient été consommés pendant le long voyage, et Don Pedro Prat, le chirurgien, lui-même malade du scorbut, cherchait dans les champs avec mille inquiétudes quelques herbes médicinales, dont lui-même avait aussi cruellement besoin que le autres. Le froid se faisait sentir avec vigueur la nuit et le soleil les brûlait le jour : alternances qui faisaient souffrir cruellement les malades, deux ou trois d'entre eux mourant chaque jour, jusqu'à ce que toute l'expédition maritime, composée de plus de quatre-vingt-dix hommes, trouve lui-même réduit à huit soldats et à autant de matelots en état de veiller à la sauvegarde des navires, au fonctionnement des chaloupes, à la garde du camp et aux soins des malades.

Il n'y avait aucune nouvelle du partage des terres. Les environs du fort ont été minutieusement recherchés à la recherche de traces d'un troupeau de chevaux, mais aucune n'a été découverte. Ils ne savaient que penser de ce retard. Enfin, le 14 mai, les Indiens avertirent quelques soldats sur la plage que venant du sud, des hommes montés sur des chevaux et armés comme eux arrivaient. Ce fut la première division de terre sous Rivera, à cinquante jours de Velicatá , sans perte d'homme ni malade ; mais ils recevaient des demi-rations ; il ne leur restait plus que trois sacs de farine et ils distribuaient à chaque homme deux tortillas 12 par jour. Grande fut la joie dans le camp des malades à l'arrivée des forces de Rivera. Il fut alors résolu de déplacer le camp près de la rivière. Cela fut fait et un nouveau camp fut établi sur une colline dans ce qui est maintenant connu sous le nom de « Vieille Ville », où une palissade fut construite et les canons montés. Le chirurgien Pedro Prat se dévoua aux malades, mais les décès continuèrent, jusqu'à ce que sur les quatre-vingt-dix et plus qui avaient navigué depuis La Paz, les deux tiers furent couchés sous le sable de Punta de los Muertos 13 . On jugea alors préférable d'envoyer un des paquets à San Blas pour informer le vice-roi et le visitador de l'état de l'expédition, et l'on craignit que si cela tardait plus longtemps, le navire ne puisse prendre la mer faute de pouvoir prendre la mer. des marins. Le San Antonio fut choisi à cet effet et préparé pour la mer, mais alors qu'il s'apprêtait à prendre la mer, le camp fut plongé dans une extase de joie par l'arrivée de Portolá et de la deuxième division, en bonne santé et avec 163 mules. chargé de provisions. Le gouverneur s'informa promptement de l'état des affaires et désirait que le señor Les ordres du visitador concernant l'expédition en mer devaient être exécutés, et il offrit au capitaine Vila du San Carlos seize hommes sous son commandement pour conduire le navire, afin qu'il puisse poursuivre le voyage jusqu'à Monterey. Comme Vila avait perdu tous ses officiers de bord, maître d'équipage, magasinier, barreur de la chaloupe, et qu'il n'y avait pas un matelot parmi les hommes proposés par Portolá , il refusa de prendre la mer dans de telles conditions. Tous les matelots disponibles furent donc placés à bord du San Antonio, et il s'embarqua pour San Blas, le 8 juin, avec huit hommes seulement pour équipage.

Le gouverneur commença alors à organiser ses forces pour la marche vers Monterey. Il résolut de déménager immédiatement, de peur que la saison avançant ne les expose au danger de voir les passages de la sierra fermés par la neige, comme même à San Diego, ceux qui venaient par mer rapportaient que les sierras étaient couvertes de neige à leur arrivée en avril.

Le 14 juillet, Portolá commença sa marche vers Monterey, distant de cent cinquante-neuf lieues. Sa force était composée du sergent Ortega, avec vingt-sept soldados de cuera sous Rivera, Fages avec six volontaires catalans - tous ceux qui pouvaient voyager, l'enseigne Costansó , les prêtres Crespi et Gomez, sept muletiers, quinze Indiens chrétiens des missions de Basse-Californie. , et deux serviteurs, soit soixante-quatre en tout. Fages et Costansó étaient tous deux malades du scorbut, mais rejoignirent néanmoins le commandement. Le personnel de cette expédition compte certains des noms les plus connus de Californie. Portolá , le premier gouverneur ; Rivera, commandant de Californie de 1773 à 1777, tué lors de la révolte de Yuma sur le Colorado en 1781 ; Fages , premier commandant de Californie, 1769-1773, gouverneur, 1782-1790 ; Ortega, éclaireur, explorateur, découvreur du Golden Gate et du détroit de Carquines 14 ; lieutenant et capitaine breveté, commandant du présidio de San Diego, de Santa Barbara et de Monterey ; fondateur du présidio de Santa Barbara et des missions de San Juan Capistrano et San Buenaventura. Parmi eux se trouvaient des hommes dont les noms ne sont pas moins connus : Pedro Amador, qui a donné son nom au comté d'Amador ; Juan Bautista Alvarado, grand-père du gouverneur Alvarado ; José Raimundo Carrillo, plus tard Alférez , lieutenant et capitaine, commandant du présidio de Monterey, de Santa Barbara et de San Diego, et fondateur de la grande famille Carrillo ; José Antonio Yorba, sergent des volontaires de Catalogne, fondateur de la famille de ce nom et bénéficiaire du Rancho Santiago de Santa Ana ; Pablo de Cota, José Ignacio Oliveras , José Maria Soberanes et d'autres.

À San Diego, Portolá laissa les malades sous la garde du fidèle chirurgien Prat et d'une garde de dix soldats cuera ; le capitaine Vila du San Carlos, avec quelques marins ; Frays Junípero Serra, Juan Vizcaino et Fernando Parron, un charpentier, un forgeron et quelques Indiens de Basse-Californie, une quarantaine de personnes en tout. Le gouverneur leur laissa également un nombre suffisant de chevaux et de mulets et une soixantaine de chargements 15 de provisions. Le 16 juillet, deux jours après le début de l'expédition de Portolá , Junípero fonda, avec les cérémonies appropriées, la mission de San Diego de Alcalá , la première mission établie en Haute Californie. Les morts continuèrent et avant le retour de Portolá en janvier, huit soldats, quatre marins, un serviteur et huit Indiens moururent, ne laissant qu'une vingtaine de personnes au camp.

Nous allons maintenant suivre le gouverneur. S'appuyant quelque peu sur le navire ravitailleur San Jose, qui devait le rencontrer à Monterey, mais qui, comme nous l'avons vu, fut perdu en mer, ainsi que sur les ravitaillements que devait apporter le San Antonio, le gouverneur, connaissant les incertitudes d'un voyage en mer, il emmena avec lui cent mulets chargés de provisions, assez, conclut-il, pour six mois.

Pendant la marche, l'ordre suivant fut observé. Le sergent Ortega, avec six ou huit soldats, partait en avant, traçait la route, choisissait le lieu de camping et dégageait le chemin des Indiens hostiles qui l'entouraient fréquemment. En tête de la colonne se trouvait le commandant, avec Fages , Costansó , les deux prêtres et une escorte de six volontaires catalans ; Viennent ensuite les sapeurs et les mineurs, composés d'Indiens, avec des pelles, des pioches, des pieds-de-biche, des haches et autres instruments utilisés par les pionniers ; ceux-ci étaient suivis par le corps principal divisé en quatre bandes de bêtes de somme, chacune avec ses muletiers et une garde de soldats présidiaux . La dernière était l'arrière-garde, commandée par le capitaine Rivera, convoyant les chevaux et les mulets de rechange (caballada y mulada).

Les soldats présidiaux disposaient de deux sortes d'armes, offensives et défensives. La défense était composée de la cuera (veste de cuir) et de l' adarga (bouclier) 16 . Le premier, se présentant sous la forme d'un manteau sans manches, était composé de six ou sept épaisseurs de peaux de cerf habillées, imperméables aux flèches indiennes, sauf à très courte portée. L' adarga était constitué de deux épaisseurs de peau de taureau brute, porté sur le bras gauche, et manœuvré par le cavalier de manière à se défendre lui-même et son cheval contre les flèches et les lances des Indiens ; de plus, ils utilisaient une espèce de tablier de cuir, attaché au pommeau de la selle, avec une chute de chaque côté du cheval jusqu'à l'étrier, assez large pour couvrir la cuisse et une jambe du cavalier, et le protéger. lorsque vous roulez à travers les broussailles. Ce tablier s'appelait l' armas . Leurs armes offensives étaient la lance, qu'ils maniaient avec une grande dextérité à cheval, le sabre et un mousquet court, portés dans un étui. Costansó , qui était officier de l'armée régulière, témoigne du travail incessant des soldats présidiaux de Californie dans cette marche, et dit que c'étaient des hommes capables d'endurer beaucoup de fatigue, obéissants, résolus et actifs ; " et ce n'est pas exagéré de dire qu'ils sont les meilleurs cavaliers du monde et parmi les meilleurs soldats qui gagnent leur pain au service du roi. " 17

Il faut comprendre que les marches de ces troupes avec un tel train à travers un pays inconnu et par des sentiers inutilisés ne pouvaient être longues. Il était nécessaire d'explorer la terre un jour pour marcher le lendemain, et le campement du jour était parfois réglé par la distance à parcourir jusqu'au prochain endroit où l'on pouvait trouver de l'eau, du combustible et des pâturages. La distance parcourue était de deux à quatre lieues 18 , et le commandement se reposait tous les quatre jours, plus ou moins, selon la fatigue causée par l'aspérité du chemin, le labeur des pionniers, l'errance des bêtes ou la nécessités des malades. Costansó dit que l'une de leurs plus grandes difficultés résidait dans le contrôle de leur caballada (troupeau de chevaux), sans laquelle le voyage ne pourrait pas se faire. Dans un pays qu'ils ne connaissent pas, les chevaux s'effrayent la nuit de la manière la plus incroyable. Pour les bousculer, il leur suffit de découvrir un coyote ou un renard. Le vol d'un oiseau, la poussière projetée par le vent, tout cela est capable de les effrayer et de les faire parcourir plusieurs lieues, se précipitant sur les barrancas et les précipices, sans qu'aucun effort humain ne puisse les retenir. Ensuite, il faut un immense travail pour les rassembler à nouveau, et ceux qui ne sont pas tués ou estropiés restent inutiles pendant un certain temps. De la manière et de la manière indiquées, les Espagnols firent leurs marches, traversant des terres immenses, qui devenaient de plus en plus fertiles et plus agréables à mesure qu'ils progressaient vers le nord.

L'expédition suivit pratiquement l'itinéraire qui devint plus tard le Camino Real. Sa quatrième jornada (voyage d'une journée) l'a amené à la jolie vallée où s'établit plus tard la mission de San Luis Rey. Ils l'appelèrent San Juan Capistrano, mais ce nom fut ensuite transféré à une mission située à quarante milles au nord de cet endroit. Le commandement s'est reposé ici, le 19 juillet. Reprenant la marche le 20, la sierra (San Onofre), dont ils contournaient la base, se rapprocha si près de la mer qu'elle parut menacer leur avance, mais en se tenant près du rivage, ils tinrent leur chemin, et le 24 ils campèrent sur un beau cours d'eau qui traversait une mesa au pied d'une sierra , d'où, regardant à travers la mer, ils pouvaient apercevoir l'île de Santa Catalina. C'était San Juan Capistrano, et c'est ici qu'ils se reposèrent le 25. Le 28, ils atteignirent la rivière Santa Ana , près de l'actuelle ville de ce nom ; un violent tremblement de terre qu'ils subirent leur fit nommer la rivière Jesus de los Temblores 19 . Les 30 et 31 juillet, ils se trouvaient dans la vallée de San Gabriel, qu'ils appelaient San Miguel, et le 1er août, ils se reposaient près de l'emplacement de l'actuelle ville de Los Angeles. L'arrêt de ce jour, en plus du repos nécessaire et de la nécessité d'exploration, devait donner l'occasion aux soldats et aux personnes de l'expédition de gagner la grande indulgence de Porciúncula. 20 Les prêtres dirent la messe et la Sainte-Cène fut administrée. Dans l'après-midi, les soldats partent à la chasse et rapportent une antilope (barrendo), dont la terre semble regorger. Le lendemain, ils traversèrent la rivière Los Angeles par l'emplacement de la ville actuelle et la nommèrent Rio de Nuestra Señora de Los Angeles de Porciúncula 21 . En remontant la rivière, ils traversèrent le canyon et arrivèrent dans la vallée de San Fernando, qu'ils appelèrent Valle de Santa Catalina de los. Encinos —Vallée de Sainte Catherine des Chênes. Ils passèrent cinq jours dans la vallée, et traversant les montagnes de Santa Susana, peut-être par le canyon Tapo , ils arrivèrent à la rivière Santa Clara près du site de Camulos , et s'y reposèrent le 9 août. Portolá a donné à la rivière le nom de Santa Clara, nom qu'elle porte encore, en l'honneur de la sainte dont ils célébraient la journée, le 12 août. Pendant cinq jours, par des jornadas faciles, ils descendirent la rivière et arrivèrent le 14 à la première rancheria 22 des Indiens de la Manche. C'est à l'occasion des vêpres de la fête de La Asuncion de Nuestra Señora que Portolá a nommé le village La Asuncion. Il contenait une trentaine de grandes maisons bien construites en argile et en jonc, et chaque maison abritait trois ou quatre familles. Ces Indiens étaient de bonne taille, bien formés, actifs, travailleurs et très habiles à construire des bateaux, des bols en bois et d'autres articles. Portolá pensait que ce pueblo devait être celui nommé par Cabrillo, Pueblo de Canoas (Pueblo des bateaux). Ce fut le site choisi pour la mission de San Buenaventura, fondée le 31 mars 1782. Les indigènes les reçurent gentiment, leur donnèrent une nourriture en abondance et leur montrèrent leurs bateaux bien faits, longs de vingt-quatre pieds, faits de planches de pin. attachés ensemble avec des cordes et recouverts d'asphalte , et capables de transporter dix hommes chacun. Les quatre jours suivants, ils suivirent la plage et campèrent, le 18 août, près d'une grande lagune, appelée par eux La Laguna de la Concepcion. Ce fut le site du futur présidio et de la mission de Santa Barbara. Partout se trouvaient de grandes rancherías peuplées d'Indiens, et partout ils étaient reçus de la manière la plus hospitalière et fournissaient plus de nourriture qu'ils ne pouvaient en manger. L'arrêt suivant était trois lieues plus loin, au bord d'une grande lagune et d'un marais, contenant une île de bonne dimension sur laquelle se trouvait une grande ranchería , tandis que quatre autres bordaient les rives de la lagune. Portolá a donné à ce groupe le nom In Mediaciones de las Rancherías de Mescaltitan — Les Rancherías contiguës du Mescaltitan . Le nom de Mescaltitan est toujours attaché à l'île, même si le marais est en grande partie drainé et contient certaines des plus belles noyeraies de Californie. Le 28, ils tournèrent la pointe Concepcion et campèrent juste au nord, à un endroit qu'ils appelaient Paraje de los Pedernales. Point Pedernales, à environ cinq milles au-delà, conserve son nom. Le 30, ils traversèrent une grande rivière, qu'ils nommèrent Santa Rosa, en l'honneur de cette sainte dont c'était le jour. C'est aujourd'hui le Santa Inez, ainsi appelé d'après la mission de ce nom, établie sur sa rive en 1804. En passant vers le nord le long de la plage, un éperon acéré de la sierra s'avançant à Point Sal les dirigeait vers l'intérieur des terres par le petit passage suivi par le Ligne de la côte sud du Pacifique, et ils arrivèrent, le 10 septembre, à un grand lac dans le coin nord-ouest du comté de Santa Barbara , auquel on donna le nom de Laguna Larga , maintenant connu sous le nom de lac Guadalupe. Trois lieues plus loin, ils campèrent près d'un lac nommé par Costansó , Laguna Redonda, mais que les soldats appelaient El Oso Flaco — L'Ours Mince — et il est encore connu sous ce nom. Ici, le sergent Ortega tomba malade et dix soldats se plaignirent de douleurs aux pieds. Ils se reposèrent le 3 et atteignirent le 4 l'embouchure du canon de San Luis . Ici, ils furent accueillis avec hospitalité par le chef d'une grande ranchería , dont l'apparence fit que les soldats lui appliquèrent le nom de "El Buchon ", car il avait une grosse tumeur qui pendait au cou. Le père Crespi n'approuva pas le nom que les soldats donnèrent au chef, à sa ranchería , et au canon qui menait à San Luis Obispo, et il nomma le village San Ladislao . Comme dans de nombreux cas, le bon père n'a pas réussi à faire perdurer le nom qu'il a donné, le saint a été ignoré, mais Point Buchon , juste au-dessus de Point Harford et Mount Buchon , autrement connu sous le nom de Bald Knob, témoignent de la pérennité du tumeur au cou du chef. En remontant l'étroit canyon du ruisseau San Luis, ils campèrent sur ou à proximité du site de la mission et de la ville de San Luis Obispo. De là, au lieu de traverser la Sierra de Santa Lucia par le col de Cuesta dans la haute vallée de Salinas, d'où la marche vers Monterey aurait été facile, ils tournèrent vers l'ouest et suivirent la Cañada de los Osos jusqu'à la mer à Morro Bay. , qu'ils appelaient El Estero de San Serafin. La Cañada de los Osos 23 , encore ainsi appelée, fut nommée ainsi en raison d'un combat avec des ours très féroces, dont ils réussirent à tuer l'un après avoir reçu neuf balles. Un autre blessa les mulets, et les chasseurs leur sauvèrent difficilement la vie.

Les voyageurs remontèrent alors la côte jusqu'à ce que, le 13, ils arrivèrent à un point où de nouveaux progrès furent contestés par la Sierra de Santa Lucia. C'est là qu'un éperon de la sierra , aboutissant au mont Mars, barre le passage de la plage et présente un front audacieux s'élevant à trois mille pieds de l'eau. Campant au pied de la sierra , Portolá envoya les explorateurs sous Rivera pour trouver un passage à travers les montagnes. Durant les années 14 et 15, les pionniers s'efforcèrent d'ouvrir une voie vers la sierra via San Carpóforo. canon , et le 16, le commandement gravit le ravin escarpé et étroit, avec des montagnes inaccessibles de chaque côté. Il est impossible de suivre leur itinéraire à travers cette chaîne de montagnes accidentées avec un quelconque degré de précision. Leur progression était lente et douloureuse. Le 20, ils escaladèrent péniblement une crête extrêmement élevée au nord, et de son sommet les Espagnols contemplèrent une mer sans limites de montagnes, « présentant, écrit Crespi , une triste perspective pour nous, pauvres voyageurs épuisés par la fatigue du voyage. le voyage." Le froid commençait à devenir sévère et beaucoup d'hommes souffraient du scorbut et étaient inaptes au service, ce qui augmentait les difficultés pour tous ; Pourtant, ils n'ont pas hésité mais ont continué courageusement et, le 26, ils ont émergé des montagnes par l'Arroyo Seco, qu'ils ont nommé Cañada del Palo Caido 24 (Vallée de l'arbre tombé), et ont campé sur la rivière Salinas, qu'ils ont baptisée. Rio de San Elizario . La marche est désormais facile dans la vallée de Salinas jusqu'à la mer.

Le dernier jour de septembre, le commandement s'est arrêté près de l'embouchure de la rivière Salinas , au son de l'océan, bien qu'il ne puisse pas le voir. Ils étaient persuadés qu'ils n'étaient pas loin du port désiré de Monterey et que la chaîne de montagnes qu'ils avaient traversée était incontestablement celle du Santa Lucia, décrite par Torquemada dans son récit du voyage de Vizcaino, et indiquée sur la carte du pilote. Cabrera Bueno.

Le gouverneur ordonna aux explorateurs de sortir et de vérifier sur quelle partie de la côte ils se trouvaient. Le lendemain, Rivera, avec huit soldats, explora la côte vers le sud, marchant le long du port même qu'ils cherchaient, tandis que Portolá , avec Costansó , Crespi et cinq soldats, gravit une colline du haut de laquelle ils aperçurent un grande ensenada , dont la pointe nord s'étendait loin dans la mer et s'orientait vers le nord-ouest à une distance de huit lieues maritimes, tandis qu'au sud une colline se jetait dans la mer en forme de pointe et paraissait boisée. avec des pins. Ils reconnurent celle du nord comme la Punta de Año Nuevo et celle du sud comme la Punta de Pinos , tandis qu'entre les deux se trouvait la grande ensenada 25 , avec ses mornes dunes de sable. C'était comme prévu dans le pilote côtier (derretero) de Cabrera Bueno, mais où était le célèbre port de Monterey ?

Ils pensèrent qu'ils avaient peut-être dépassé Monterey dans le grand circuit qu'ils avaient fait à travers les chaînes de montagnes. Pendant trois jours, les recherches se sont poursuivies. Rivera a rapporté qu'au sud de la Pointe des Pins et entre celle-ci et un autre point au sud (Pointe Cármelo) se trouvait une petite ensenada , où un ruisseau d'eau descendait des montagnes et se vidait dans un estero ; qu'au delà la côte était si haute et si impénétrable qu'ils furent obligés de faire demi-tour, et il croyait que c'était la même sierra qui les obligeait à quitter la côte le 16 septembre.

Très perplexe devant ces rapports, le gouverneur convoqua un conseil d'officiers pour délibérer sur la meilleure marche à suivre. Le mercredi 4 octobre, le conseil s'est réuni et après avoir entendu la messe, le commandant leur a soumis l'affaire. Il expliqua l'insuffisance de leurs réserves de provisions, les dix-sept hommes inscrits sur la liste des malades, inaptes au service, la charge de travail excessive imposée aux autres dans le service de sentinelle, le soin des animaux et les explorations continuelles, ainsi que le retard de leur arrivée. la saison. Compte tenu de ces circonstances, et du fait que le port de Monterey ne pouvait se trouver là où il était censé se trouver, chaque personne présente était appelée à exprimer librement son opinion.

Costansó parla le premier ; Vizcaino avait mis Monterey à 37° ; ils n'avaient atteint que 36° 42' ; ils ne devraient pas manquer d'explorer jusqu'à 37° 30', soit pour trouver le port, soit pour décider qu'il n'existe pas. Fages était pour monter jusqu'à 37° ou un peu plus. Rivera pensait qu'ils devraient s'établir quelque part. Alors le commandant résolu a décidé d'aller de l'avant et de mettre sa confiance en Dieu. S'ils trouvaient le port désiré de Monterey et à l'intérieur le navire de ravitaillement San Jose, tout irait bien. Si Monterey ne se présentait pas, ils trouveraient un endroit pour s'installer ; mais si Dieu voulait que tous périssent, ils auraient rempli leur devoir envers Dieu et l'homme en travaillant jusqu'à la mort dans leurs efforts pour accomplir l'entreprise pour laquelle ils avaient été envoyés. Tous ont accepté cette décision et ont signé leur nom sur le pacte.

Ortega et ses éclaireurs furent alors envoyés pour tracer l'itinéraire et localiser les emplacements de camping plusieurs jours à l'avance, et le 7 octobre, la marche reprit. Seize hommes malades avaient désormais perdu l'usage de leurs membres. Chaque nuit, on les frottait avec de l'huile, et chaque matin, on les installait dans des hamacs balancés entre deux mules, en tandem, et ainsi transportés selon le mode de déplacement utilisé par les femmes d'Andalousie 26 . La marche était lente et pénible. On croyait que quelques malades étaient aux dernières extrémités, et le 8 octobre, le saint viatique fut administré à trois personnes qu'on croyait mourantes.

Ce jour-là, ils traversèrent le Rio del Pájaro , qu'ils nommèrent ainsi à cause d'un grand oiseau que les Indiens avaient tué et bourré de paille, et qui mesurait sept pieds et quatre pouces du bout d'une aile à celui de l'autre. On croyait que c'était un aigle royal et que les indigènes le préparaient pour quelque cérémonie lorsqu'ils furent effrayés par l'approche des Espagnols. Crespi , qui avait encore un stock de saints sous la main, donna à la rivière le nom de La Señora Santa Ana, mais encore une fois, la sainte fut ignorée et la rivière est connue sous le nom de Pájaro (Oiseau). Le 17, ils traversèrent et nommèrent le Rio de San Lorenzo, à l'emplacement de l'actuelle ville de Santa Cruz. Le 20, ils étaient à Punta de Año Nuevo et campaient à l'entrée du canyon du ruisseau Waddell. Ils reconnurent Point Año Nuevo d'après la description donnée par Cabrera Bueno, et Crespi estima qu'il se trouvait à une lieue du camp. Avec de l'eau et du carburant de bonne qualité, le commandement s'est reposé ici les 21 et 22. Portolá et Rivera étaient désormais ajoutés à la liste des malades . La viande et les légumes avaient disparu et les rations étaient réduites à cinq tortillas de son et de farine par jour. Crespi nomma le camp San Luis Beltran, tandis que les soldats l'appelèrent La Cañada de Salud . Le 23, ils avancèrent de nouveau, passèrent Punta de Año Nuevo et, parcourant deux lieues, campèrent probablement sur la crique de Gazos , où se trouvait une grande ranchería indienne , dont les habitants les reçurent gentiment. Ce camp, qui se trouvait à peu près en face de Pigeon Point, fut nommé Casa Grande, également San Juan Nepomuceno 27 . La jornada suivante dura quatre lieues et leur camp se trouvait sur la crique de San Gregoria. Il commença à pleuvoir et le commandement fut prosterné par une épidémie de diarrhée qui n'épargna personne. Ils pensaient désormais voir leur fin, mais c'était le contraire qui semblait être le cas. La diarrhée semblait soulager le scorbut et les membres enflés des malades commençaient à être moins douloureux. Ils nommèrent le camp Vane de los Soldats de los Cursos et Crespi lui appliquèrent le nom de Saint-Domingue. Incapables de voyager les 25 et 26, mais reprenant la marche le 27 octobre, ils se pressèrent. L'arrêt suivant était le ruisseau Purisima, à deux petites lieues de distance, mais le chemin était difficile et les pionniers durent tracer des routes à travers trois arroyos où les descentes étaient raides et difficiles pour le transport des invalides. Au bord du ruisseau se trouvait une ranchería indienne , apparemment déserte. Les Espagnols prirent possession des cabanes, mais bientôt accoururent aux cris de « las pulgas ! las pulgas ! 28 ». Ils préférèrent camper en plein air. Les soldats appelèrent le camp Ranchería de las Pulgas , tandis que Crespi l'appela San Ibon . Le 28, ils campèrent sur la crique Pilarcitos , site de la ville espagnole ou Half Moon Bay. Ils nommèrent le camp El Llano de los Ansares — la plaine des oies sauvages — et Crespi l'appelait San Simon y San Judas. Tous les hommes du commandement étaient malades ; les médicaments étaient presque épuisés et les réserves de nourriture très limitées. Ils envisageaient de tuer certaines des mules. Cette nuit-là, il a plu abondamment et Portolá , très malade, a décidé de se reposer le 29. Le lundi 30 octobre, ils ont avancé. Half Moon Bay et Pillar Point ont été notés mais aucun nom n'a été donné. Plusieurs arroyos profonds ont été traversés, dont certains ont nécessité la construction de ponts pour faire passer les animaux. Ils remontèrent le rivage jusqu'à ce qu'une barrière rocheuse leur fasse face et leur dispute le passage. Ici, dans un rincon (coin) formé par la sierra et à l'abri du vent du nord, ils campèrent tandis qu'Ortega et ses hommes étaient envoyés pour trouver un passage au-dessus des montagnes de Montara . Un petit ruisseau leur fournissait de l'eau et ils nommèrent le camp El Rincon de las Almejas , à cause des moules et autres coquillages qu'ils trouvèrent sur les rochers. Crespi l'appelle La Punta del Angel Custodia. Le site du camp se trouve à environ un mile au nord du signal de brume de Montara . Le lendemain 31 octobre à midi, les pionniers avaient préparé un passage par-dessus le promontoire audacieux de la pointe San Pedro, et à dix heures du matin la compagnie se mit sur la piste des explorateurs et fit péniblement le chemin vers le sommet. Ici, un spectacle merveilleux rencontra leurs yeux et raviva leurs esprits défaillants. Devant eux, lumineuse et belle, s'étendait une grande ensenada , dont les eaux dansaient au soleil. Loin au nord-ouest, une pointe s'avançait dans la mer, s'élevant brusquement devant eux, bien au-dessus de l'océan. Plus à gauche, à l'ouest-nord-ouest, on aperçut six ou sept Farallones blancs et enfin, le long de la côte, vers le nord, on discerna les falaises blanches et ce qui semblait être l'embouchure d'une crique. Il ne pouvait y avoir aucune erreur. Le point éloigné était la Punta de los Reyes et devant eux se trouvait la Bahía ó Puerto de San Francisco. Le saint avait été bon avec eux et avec la joie dans le cœur, ils ont fait la descente raide et difficile et ont campé dans la vallée de San Pedro 29 , au pied des montagnes de Montara .

Certains membres de l'entreprise pensaient avoir quitté le port de Monterey mais ne croiraient pas avoir atteint le port de San Francisco. Pour régler l'affaire, le gouverneur ordonna à Ortega et à ses hommes d'examiner le pays jusqu'à Point Reyes, en leur donnant trois jours pour se présenter, tandis que le commandement restait au camp dans le Vallecito de la Punta de las Almejas del Angel de la. Guarda , comme l'appelle Crespi , en combinant les deux noms du camp du 30 octobre et en les transférant au camp de la vallée de San Pedro.

Le lendemain, jeudi 2 novembre, jour de la Toussaint , après la messe, certains soldats demandèrent la permission d'aller chasser le cerf. Ils gravirent les montagnes à l'est du camp et revinrent après la tombée de la nuit rapportèrent qu'ils avaient vu du sommet de la montagne un immense estero ou bras de mer, qui s'enfonçait dans la terre à perte de vue, s'étendant vers le sud-est. ; qu'ils avaient vu de belles plaines couvertes d'arbres, tandis que les nombreuses colonnes de fumée qui s'élevaient au-dessus d'elles montraient qu'elles étaient bien peuplées de villages indiens. Cette histoire les confirma dans la croyance qu'ils se trouvaient au port de San Francisco et que l'estero décrit était celui dont parlait Cabrera Bueno, dont ils croyaient avoir vu l'embouchure depuis les montagnes de Montara 30 . Ils étaient maintenant convaincus qu'Ortega ne pourrait pas atteindre Point Reyes et que trois jours n'étaient pas suffisants pour contourner la tête d'un pareil estero. L'équipe d'exploration revint dans la nuit du 3 novembre, déchargeant ses armes à feu à son approche. Ils racontèrent qu'ils se trouvaient obstrués par d'immenses estuaires qui s'enfonçaient extraordinairement loin dans le pays 31 , mais ce qui les faisait se réjouir c'est qu'ils comprirent, d'après les signes des Indiens, qu'à deux journées de voyage d'où ils se trouvaient il y avait un port dans lequel un navire était ancré. A cette annonce, certains pensaient qu'ils étaient au port de Monterey, et que le navire ravitailleur San Jose ou le San Carlos les attendait. Crespi dit que s'ils n'étaient pas à Monterey, ils étaient certainement à San Francisco.

Le samedi 4 novembre, jour de San Carlos Borromeo, en l'honneur duquel ils étaient venus établir un présidio royal et une mission dans le port de Monterey, et aussi jour du roi Don Carlos III (que Dios guarde) , le saint sacrifice de la messe était célébré « dans cette petite vallée, plage du Port (sans le moindre doute) de mon père San Francisco ». Les hommes se régalèrent généreusement des moules qui abondaient sur les rochers voisins, et qui étaient jugées grosses et bonnes, et, de meilleure humeur qu'ils ne l'étaient depuis quelque temps, ils se mirent en marche à une heure de l'après-midi. En remontant un peu la plage, ils tournèrent vers les montagnes sur leur droite, et du sommet aperçurent l'immense estero o brazo del mar. Puis, descendant dans la Cañada de San Andres, ils tournèrent vers le sud et le sud-est, et parcoururent deux lieues campant dans la cañada , au pied d'une colline très verte avec des broussailles basses, et ayant à sa base un groupe de chênes. Les deux jours suivants, ils parcoururent la cañada , longeant l'estero, qu'ils ne pouvaient pas voir à cause des basses collines (lomeria) sur leur gauche, notant la terre agréable avec ses bosquets de chênes, de séquoias (palo colorado) et de madroño . Ils ont vu les traces de nombreux cerfs et aussi d'ours. Les Indiens les accueillirent avec des offres amicales de tamales et d'atoles noirs , qui furent accueillies avec plaisir par les Espagnols à moitié affamés. Ils supplièrent les étrangers d'aller dans leurs rancherías , mais le gouverneur s'excusa, disant qu'il devait y aller, et les renvoya avec des cadeaux de perles et de bibelots. Le 6, ils atteignirent l'extrémité de la cañada , qui se tourna brusquement vers l'est, et virent que l'estero 32 était terminé dans une vallée spacieuse. À la cañada ils donnèrent le nom de San Francisco 33 . Parcourant une courte distance vers l'est, ils campèrent sur un profond arroyo, dont les eaux descendaient de la sierra et se jetaient précipitamment dans l'estero. Ils se trouvaient sur la crique de San Francisquito , près du site de l'université de Stanford 34 .

N'ayant pas réussi à atteindre Point Reyes par la route des plages océaniques, Portolá envoya Ortega par la contra costa, lui donnant quatre jours pour explorer le pays et trouver le port contenant le navire de ravitaillement.

Ortega et ses explorateurs , guidés par quelques Indiens amicaux des rancherías voisines , partirent le 7 novembre dans l'après-midi et revinrent dans la nuit du 10. Il rapporta qu'il n'avait vu aucun signe de port ou de navire et qu'il était convaincu qu'il n'avait pas compris les informations que les Indiens avaient tenté de lui transmettre et que le port de Monterey ne pouvait pas être en avance. Ils rapportèrent également que le pays qu'ils avaient vu vers le nord et le nord-est était infranchissable pour l'expédition, parce que les Indiens avaient brûlé l'herbe et, en outre, étaient hostiles et contesteraient le passage. Ils disaient qu'ils avaient rencontré un autre immense estero au nord-est (détroit de Carquinez), qui s'étendait également loin à l'intérieur des terres et communiquait avec celui du sud-est, et que pour le doubler, il faudrait plusieurs lieues de voyage 35 .

Pendant l'absence des explorateurs, les gens de l'expédition furent contraints, faute de viande, de manger des glands de chêne, ce qui leur causa de grandes souffrances d'indigestion et de fièvre.

Portolá a convoqué un conseil d'officiers, le 11 novembre, pour déterminer la meilleure voie à suivre. La décision a été unanime de retourner à la Pointe des Pins et de reprendre la recherche de l'insaisissable Puerto de Monterey, qu'ils croyaient avoir laissé derrière eux. Ceci fut aussitôt mis en œuvre, et le commandement reprit la marche dans l'après-midi de ce jour-là, revenant par la route de sa venue, et le 27 campa en vue de la Pointe des Pins près d'un petit lac d'eau boueuse. Ils avaient survécu en partie d'oies sauvages qu'ils chassaient et de moules ramassées sur les rochers de la côte. Le lendemain, 28 novembre, ils traversèrent la Pointe des Pins et campèrent dans la cañada du Cármelo , où il y avait beaucoup de bois et de la bonne eau de la rivière. Après avoir donné du repos à ses hommes, le gouverneur envoya dix soldats, sous le commandement de Rivera, avec six des pionniers indiens, qui se chargeèrent de les guider par les sentiers côtiers, avec pour instruction d'explorer à fond la côte au sud et de voir si le port de Monterey était caché dans quelque "rincon" de la Sierra de Santa Lucia.

L'équipe d'exploration est revenue le lundi 4 décembre dans la nuit. Ils étaient fatigués de leurs voyages sur les sentiers de montagne accidentés et rapportèrent qu'aucun port de Monterey n'existait au sud de leur camp ; que les montagnes appartenaient à la Sierra de Santa Lucia et qu'il n'y avait aucun passage le long du rivage.

Vizcaino avait dit que Monterey se trouvait juste au nord de la Sierra de Santa Lucia. "C'est tout ce qu'on peut désirer comme commodité et comme station pour les navires faisant le voyage vers les Philippines, naviguant d'où ils accostent sur cette côte. Ce port est à l'abri de tous les vents * * * et est densément peuplé de monde, que j'ai trouvé d'un caractère doux, paisible et docile ; * * * ils ont du lin comme celui de Castille, du chanvre et du coton", 36 etc.

Le commandant ne savait que penser. Ce qui devrait être un grand port, protégé de tous les vents, n'était qu'une ensenada ; ce que devrait être le Rio Cármelo n'était qu'un arroyo ; ce qui devrait être de grands lacs n'étaient que des lagunilles ; "Et où étaient aussi les gens si intelligents et si dociles qui cultivaient le lin, le chanvre et le coton ?" Costansó dit que tout au long de leur voyage, ils n'ont trouvé aucun pays aussi peu peuplé, ni aucun peuple plus sauvage et sauvage que les quelques indigènes qu'ils ont rencontrés ici. Il n'est pas étonnant que Portolá n'ait pas reconnu, dans la vaste ensenada , le Famoso Puerte de Monterey de Vizcaino .

La situation du commandement devenait très grave. Les réserves de nourriture étaient presque épuisées. Ils avaient tué un mulet, mais seuls les Indiens et les Catalans voulaient le manger. Le commandant convoqua un conseil d'officiers, le 6 décembre, et leur fit part de l'état des choses. Ils n'avaient pas trouvé le port qu'ils étaient venus chercher, dit-il, et n'avaient aucun espoir de le trouver ni le navire qui aurait dû les secourir ; il ne leur restait plus que quatorze demi-sacs de farine ; l'hiver était là, le froid devenait excessif et la neige commençait à tomber dans les montagnes. Il a invité à une discussion libre, mais a reporté la décision au lendemain, afin que tous aient le temps de réfléchir. Le 7 décembre, après avoir entendu la messe, la junte se réunit à nouveau. Certains voulaient rester là où ils étaient jusqu'à ce que les provisions soient entièrement consommées, puis se retirer, s'appuyant sur les mules pour se nourrir pendant le voyage vers San Diego ; d'autres ont jugé préférable de diviser le parti, une moitié restant et l'autre retournant à San Diego. Les deux projets ont été soigneusement discutés et tous deux ont présenté des difficultés. Le sentiment dominant semblait être en faveur d'un retour, et le gouverneur annonça sa détermination. Ils retourneraient immédiatement à San Diego, dit-il, car si la neige fermait les cols des montagnes, toute l'expédition serait perdue.

Une violente tempête s'est levée dans l'après-midi, qui a duré jusqu'à la nuit du 9 décembre, retardant la marche.

Le dimanche 10 décembre, ils ont commencé la retraite depuis Monterey. Avant de quitter la baie de Cármelo , ils dressèrent une grande croix sur une petite colline au bord de l' ensenadita , et dessus, gravée dans le bois, la légende : « Creuse ; au pied tu trouveras une écriture ». Un message était mis dans une bouteille et enterré au pied de la croix. Il donnait les faits de l'expédition, son commandant, la date de départ, les dates d'entrée dans le canal de Santa Barbara, de passage de Point Concepcion, de passage des montagnes de Santa Lucia, de vue de Punta de Pinos , de Point Reyes. , etc.

"L'expédition désirait atteindre Point Reyes, mais quelques esteros intervinrent qui s'enfonçaient loin à l'intérieur des terres, ce qui exigeait un long voyage pour en faire le tour, et d'autres difficultés (dont la principale était le manque de provisions) nous obligeaient à revenir, croyant que le port de Monterey pourrait peut-être être près de la Sierra de Santa Lucia, et pensant que nous aurions pu le dépasser sans l'observer. Nous quittions l'estero de San Francisco à notre retour le 11 novembre. Nous passâmes la Punta de Año Nuevo le 19 dudit mois, et atteint pour la deuxième fois ce Port et Ensenada de Pinos le 27 du même."

Il déclare que depuis ce jour jusqu'à ce jour, ils ont fait une recherche diligente du port de Monterey, mais en vain, et maintenant, désespérant de le trouver, leurs provisions presque épuisées, ils retournent à San Diego. Suit ensuite la latitude en différents points observée par Costansó . Il demande aux commandants du San Jose ou du San Antonio, s'ils ou l'un d'eux doivent être informés du contenu de la lettre et de l'état de l'expédition, de descendre la côte aussi près que possible de la terre, que le l'expédition pourrait les apercevoir et obtenir du secours de leur part.

La marche ce jour-là traversa la pointe des Pins, une lieue et demie, et ils campèrent sur le rivage de la baie de Monterey, où ils érigèrent une autre croix avec une inscription annonçant leur départ. Le 11, ils remontèrent les Salinas et commencèrent à retracer la route de leur venue. Ils tuèrent beaucoup d'oies, ce qui soulagea quelque peu leurs besoins, et le 21 ils furent hors des montagnes de Santa Lucia. Les soldats affamés volaient de la farine et, pour empêcher de nouveaux vols, le commandant partageait le reste entre eux. Le 28, le commandement était coincé dans un trou de boue près de San Luis Obispo et ne pouvait pas dire la messe, bien que ce soit un jour de fête <u>37</u> . Le 3 janvier, ils dépassèrent la pointe Concepcion. Ici, parmi les Indiens de la Manche, la nourriture était abondante, leurs dures épreuves étaient terminées et la santé du commandement s'améliorait de jour en jour. Au lieu de remonter la rivière Santa Clara, ils traversèrent les montagnes de Santa Susana, dans la vallée de San Fernando, suivirent la rivière Los Angeles, traversèrent la Santa Ana le 18 janvier et atteignirent San Diego le 24 janvier 1770 avec le commandement en bonne santé et sans perte d'homme, « avec le mérite d'avoir été contraints de manger la chair des mulets mâles et femelles, et de n'avoir pas trouvé le port de Monterey, que nous jugions rempli par les de grandes dunes de sable qui se trouvaient à l'endroit où nous nous attendions à le trouver. 38

Portolá a trouvé un accueil joyeux au petit camp de San Diego. Beaucoup étaient morts et Junípero et le père Parron se remettaient tout juste du scorbut. Aucune nouvelle n'était encore reçue du San Antonio. Le commandant fit un inventaire minutieux des fournitures et en réserva suffisamment pour marcher vers Velicatá au cas où le San Antonio n'apparaîtrait pas lorsque le reste serait épuisé. Ce serait, calculait-il, un peu après la mi-mars, et le 20 de ce mois fut fixé comme date de départ, au grand désappointement des prêtres. Le 11 février, Rivera fut envoyé à Velicatá avec une garde de dix-neuf ou vingt soldats, pour ramener le bétail et les provisions qui y étaient laissés.

Après le coucher du soleil de la veille de celui fixé pour le départ, une voile apparut au loin. C'était le San Antonio, juste à temps pour empêcher l'abandon du San Diego. Elle apporta des provisions abondantes et Portolá se prépara pour une deuxième expédition à la recherche du port de Monterey. Le capitaine Vila du San Carlos déclara, lorsque les détails de la recherche lui furent racontés, que l'endroit où ils avaient érigé la deuxième croix était le port de Monterey, perdu depuis longtemps.

Le 16 avril, le San Antonio s'embarqua pour Monterey, transportant Junípero , Costansó , Prat et une cargaison de provisions pour la nouvelle mission. Le 17, Portolá partit par terre avec Fages , douze volontaires catalans, sept soldados de cuera , Crespi , deux muletiers et cinq indigènes. A San Diego, Vila fut laissé avec son second et cinq matelots sur le San Carlos, les pères Parron et Gomez, avec le sergent Ortega et huit soldados de cuera comme garde, et Rivera arriva en juillet avec plus de quatre-vingts mules chargées de provisions et cent et cent. soixante têtes de bétail.

Portolá suivit le même itinéraire qu'il avait emprunté lors de la retraite de Monterey et arriva le 24 mai à Ensenada Grande, sous Punta de Pinos , près de la croix qu'ils avaient érigée le 10 décembre. Choisissant un endroit pour le camp, Portolá prit Fages , Crespi et un soldat pour garde, et se dirigea vers la croix pour voir si aucun navire n'avait visité l'endroit. Ils trouvèrent autour de la croix un anneau de flèches enfoncées dans le sol, dont certaines étaient ornées de plumes ; d'autres portaient du poisson et de la viande attachés, tandis qu'au pied de la croix se trouvait un petit tas de coquillages. Alors que

Portolá , Fages et Crespi marchaient le long de la plage et regardaient la baie et remarquaient ses eaux calmes et placides, avec ses phoques nageurs et ses baleines jaillissantes, ils s'écrièrent d'une seule voix : « C'est le port de Monterey que nous avons recherché. C'est exactement ce que rapportent Sebastian Vizcaino et Cabrera Bueno. <u>39</u>

Se souvenant de la bonne eau du camp du Rio del Cármelo , Portolá ordonna l'expédition vers la baie de Cármelo par ligne directe, tandis que lui, avec Fages et Crespi , contournait la Pointe des Pins. Ils le trouvèrent bien couvert de pins, dont beaucoup étaient assez grands pour faire le mât d'un navire. Ils trouvèrent également un bosquet de cyprès à un point au-delà (Cypress Point), et arrivèrent au camp après une marche de quatre bonnes lieues. Ici, ils attendaient l'arrivée du San Antonio.

Le 31 mai, le paquebot a été aperçu près de Point Pinos . Les soldats firent des signaux, auxquels le navire répondit avec ses canons, et avant la nuit il jeta l'ancre dans la baie de Monterey, qui fut déclarée par les marins comme un port des plus célèbres.

Le 3 juin 1770, sous un abri de branches près du chêne où, en 1602, les frères carmes de Biscaino avaient célébré la messe, Don Gaspar de Portolá , avec ses officiers, soldats et gens de l'expédition terrestre, Fray Junípero Serra et Fray Juan Crespi , Don Juan Pérez, capitaine du San Antonio, Don Miguel del Pino, son commandant en second, ainsi que l'équipage, se sont réunis pour établir un présidio et une mission. Le père président chantait la messe et prêchait à partir de l'Évangile, tandis que le déficit musical était comblé par des décharges répétées des canons du San Antonio et des volées de mousquets des soldats. À la fin des cérémonies religieuses, Don Gaspar de Portolá , gouverneur des Californies , prit possession du pays au nom de sa majesté Don Carlos III, roi d'Espagne, et le présidio et la mission de San Carlos de Borromeo de Monterey furent fondé et établi, le premier presidio et la deuxième mission en Californie.

Conformément aux ordres du visitador général, Portolá remit maintenant au lieutenant Fages , comme commandant de Californie, le commandement des nouveaux établissements, qui s'embarqua sur le San Antonio le 9 juillet pour San Blas, et la Californie ne le connut plus.

DONNÉES CONCERNANT DON GASPAR DE PORTOLÁ APRÈS SON QUITTÉ DE LA CALIFORNIE

Par EJ Molera

Portolá et Costansó s'embarquèrent, le 9 juillet 1770, pour le Mexique, pour rendre compte au vice-roi de leurs découvertes. Costansó est resté dans la capitale et a participé à plusieurs travaux d'ingénierie, entre autres, la carte de la Vallée de Mexico et son drainage. Les recherches diligentes entreprises par l'écrivain au Mexique et en Espagne concernant l'histoire ultérieure de Portolá n'ont jusqu'à présent révélé que le fait que le retour du commandant dans la capitale a été suivi d'une promotion de capitaine à lieutenant-colonel dans l'armée royale espagnole et de sa nomination comme Gouverneur de Puebla, 23 février 1777.

Dans les archives municipales de la ville de Puebla, à la page 33 du feuillet couvrant les années 1776-1783, se trouve la description suivante de la prise de possession par Portolá de la charge de gouverneur de cette ville et de cet État :

"Possession du gouverneur Portolá ."

"Dans la séance (séance du 23 février 1777), le conseil vit un titre royal de gouverneur politique et militaire de cette ville accordé par Sa Majesté au señor Don Gaspar de Portolá , lieutenant-colonel de l'armée royale, et également supérieur ordre de Son Excellence le vice-roi, gouverneur et capitaine général de cette Nouvelle-Espagne, dans lequel il est déclaré que ledit titre a été transmis.

"Le président du Conseil, debout et découvert, prit le titre dans sa main, le baisa et le plaça sur sa tête, étant une lettre du roi, notre maître, et dit qu'il obéirait et il obéit à son contenu et dans ses dispositions, il fut ordonné que le lieutenant-colonel Don Gaspar de Portolá reçoive ladite charge, et à cet effet, ladite noble corporation sortit avec les hérauts pour l'amener à cette série de séances, et quand il y fut, un notaire public ayant certifié son identité, il jura d'user fidèlement et bien de la charge de Gouverneur, rendant justice, punissant et ne chargeant pas les pauvres d'impôts excessifs ; de conserver et de faire conserver, les droits, privilèges, arrêtés royaux. et ordonnances, etc.

"Après avoir signé le serment, le président lui a remis la canne de justice royale, par laquelle l'acte de possession a été complété."

Dans le même volume, de nombreux décrets et ordonnances sont signés par Portolá en tant que gouverneur de Puebla.

Le fait qu'en 1779 Portolá était encore gouverneur de Puebla est prouvé par deux manuscrits originaux en possession de l'écrivain. L'une est une circulaire officielle adressée à toutes les principales autorités du Mexique, annonçant le décès du vice-roi Frey Don Antonio Bucareli y Ursua , et présentée ci-jointe ; l'autre est une lettre de Don Gaspar de Portolá , datée du 17 avril 1779.

Lettre du vice-roi de la Nouvelle-Espagne à Don Julian de Arriaga, rendant compte de l'arrivée à San Blas du paquebot San Carlos, revenant de l'arpentage du port de San Francisco. Document obtenu des Archives des Indes, Séville.

"Mon cher monsieur:"

"Par courrier qui m'a été envoyé de San Blas, je viens d'apprendre que le paquebot royal San Carlos, sous le commandement du lieutenant de la frégate Don Juan Manual Ayala, qui avec des provisions et des marchandises faisait voile vers le port de Monterey, de là vers le port de San Francisco, mouillant le 6ème inst. à San Blas."

"Dans les copies que j'envoie ci-jointes, de l'examen approfondi fait par cet officier et son pilote, Don José Cañizares , Votre Excellence verra, en détail, tout ce qui a été trouvé avantageux, et les nouvelles obtenues font connaître tout ce que ce vaste " Le port contient et les installations dont il dispose pour accueillir 40 navires. La docilité et les manières douces des païens qui vivent dans son voisinage inspirent des espoirs dans l'utilité du plan, sur lequel j'avais préalablement déterminé, de coloniser cette terre. "

« La lettre de cet officier, dont copie est également jointe, confirme tout, vantant la grandeur de la vue du port, de l'eau, du bois et du lest dont il regorge, et quoique le climat soit plutôt froid, il est sain et exempt des brouillards trouvés à Monterey.

"Il rend compte de ce qui s'est passé à son retour, et loue le mérite du pilote, Don José Cañizares , dans l'accomplissement de la commission qui lui a été confiée, et il le recommande à mon attention, que je réserve à celle du Roi ; à recommandant en même temps à Votre Excellence de rappeler à Sa Majesté que ce pilote est un des plus utiles que possède le département de San Blas, et que dans les voyages qu'il a faits il a toujours montré le même honneur, la même conduite et la même intelligence que sur celui qui vient de terminer avec un tel avantage pour le service, en raison des informations et des connaissances dont il a fait preuve dans l'exercice de ses fonctions.

"Pour sa récompense, je le considère digne de la générosité royale, ainsi que le lieutenant de la frégate Don Juan Manuel de Ayala, pour sa part dans une œuvre si importante."

"Que le Seigneur vous garde du mal pendant de nombreuses années, tel est mon souhait."

" Exm °. Sr."

"Votre très obéissant serviteur qui baise les mains de Votre Excellence,"

" Bailio Frey D. Antonio Bucareli et Ursua ."

"Mexique, 26 novembre 1775."

"À Son Excellence Sr. Bailio Frey Don Julian de Arriaga."

Causes qui ont décidé le gouvernement espagnol à envoyer une expédition par

Mer pour vérifier s'il y avait des colonies russes sur la côte de Californie et pour examiner le port de San Francisco.

Le père Junípero Serra eut du mal à obtenir du commandant Fages les soldats nécessaires pour fonder les missions projetées et malgré son grand âge, il décida de se rendre dans la capitale du Mexique pour exposer ses ennuis aux autorités. Il quitta San Diego sur le bateau postal San Carlos le 19 octobre 1772, mais, frappé par la fièvre à Guadalajara, n'atteignit le Mexique que le 16 février 1773.

Le vice-roi Bucareli , alors commandant de la colonie, donna les ordres qu'il jugeait nécessaires pour la Californie, mais ses ordres n'auraient eu que peu d'effet ou auraient suivi le lent processus de toutes les affaires officielles, si un incident extérieur ne leur avait donné force.

Le comte de Lacy, alors ministre plénipotentiaire d'Espagne à Saint-Pétersbourg, fit savoir à la cour de Madrid que les Russes exploraient les côtes de l'Amérique. Il a corroboré sa déclaration avec des exemplaires des journaux de la capitale russe 41 . Cette nouvelle avec les preuves concordantes fut envoyée à Bucareli avec les édits royaux du 11 avril et du 23 septembre 1773.

Le résultat de cette information fut de donner une meilleure organisation au département maritime de San Blas et une meilleure réglementation pour la Californie. Il fut également ordonné qu'un règlement soit conclu à San Francisco ; que de meilleurs moyens de communication soient établis entre San Diego et Monterey, et qu'une expédition soit envoyée pour vérifier si les Russes avaient établi des établissements sur la côte de Californie.

LE JOURNAL DU SAN CARLOS

Alias Toison De Oro (Toison d'Or)

Sous le commandement du lieutenant de frégate de la Royal Navy Don Juan Manuel de Ayala

Du port de San Blas au port de San Francisco

Le premier navire à entrer dans le port de San Francisco. Transcription d'une copie certifiée conforme de l'original, maintenant dans les Archives des Indes, à Séville, Espagne 42 .

Le 19 mars 1775, le lieutenant de frégate Don Juan Manuel de Ayala fit mouiller la goélette sous son commandement près du rocher blanc dans le port de San Blas, en attendant le départ de la frégate Santiago vers la côte ouest de la Californie, lorsque le commandant de l'expédition, Don Bruno de Ezeta , lui ordonna de remettre au lieutenant de la frégate Don Juan de la Bodega y Cuadra le commandement de sa goélette et de prendre le commandement du paquebot San Carlos, comme son capitaine, Don Miguel. Manríque , était malade et incapable de faire le voyage. Ayala obéit à l'ordre et attendit jusqu'au 21 au matin le retour de la chaloupe qui transportait son prédécesseur à San Blas. Il prépara tout à bord pour suivre la frégate et la goélette et il demanda au commandant de l'expédition, Don Bruno de Ezeta , d'emporter dans sa frégate du sucre roux et des provisions qu'il ne pouvait loger dans son bateau que sur le pont où elles se trouvaient. susceptibles d'être endommagés.

Le 21, à 15 heures, il quitta le mouillage de San Blas avec le vent d'est-nord-est et, le lendemain, arriva en vue de l'île Isabela, située à environ cinq milles à l'ouest. Le 23, il arrive en vue des îles Maria et voit la frégate et la goélette se diriger vers le sud-est des îles, où il les perd de vue. Des vents contraires et un temps calme ont empêché le San Carlos de faire des progrès considérables. Le 26, Ayala envoie son pilote voir s'il peut obtenir de l'eau pour remplacer celle qui a été consommée 43 . Le pilote n'a pas pu atterrir et n'a donc pas obtenu d'eau. Le 2 avril, il aperçut Mazatlan et le paquebot Concepcion. Le lendemain, il s'approcha du Concepcion, et le capitaine l'informa qu'il avait à son bord le gouverneur de Californie 44 . De la Concepción, Ayala obtint six fûts d'eau. Le 4 avril, un grave accident arriva au commandant. Lorsque son prédécesseur tomba malade, il disposait de plusieurs pistolets chargés. Ayala a ordonné de les placer là où ils ne pourraient blesser personne. Ce faisant, l'un d'entre eux tomba et fut déchargé, la balle pénétrant dans le pied du commandant entre le deuxième et le troisième orteil et ressortant sous le gros orteil. Cet accident l'a amené à garder son lit.

Le 7 avril, le cap San Lucas était aperçu au nord, distant d'environ deux lieues. Le 8, on aperçut le cap San Lucas à l'ouest, distant d'environ douze lieues. En raison des vents contraires, la progression vers le nord fut très lente. Le 22 juin, alors qu'on réchauffait de la poix pour caler la chaloupe, celle-ci prit feu, mais fut éteinte avant que de gros dégâts ne soient causés. Le même jour, des indications de terre ont été notées et quelques baleines ont été aperçues, ce qui, selon les marins, est le premier signe de terre. Le lendemain, ils aperçurent quelques phoques, ce qui, selon les marins, était le deuxième signe de terre. Le 24, ils aperçurent des canards, ce qui, disent-ils, est une preuve certaine de la proximité de la terre . Le même jour, la terre a été aperçue à 16 heures ; les North Farallones de San Francisco ont été vus au nord et Point Año Nuevo au sud-est. A 19 heures, les Farallones du Sud furent aperçus à une distance d'environ deux lieues au nord-est. La variation de l'aiguille a été observée et trouvée être de 13° E.

Le lendemain, à 9 heures du matin, le brouillard s'étant dissipé, on aperçut la terre et Point Año Nuevo fut reconnu au nord-ouest à environ trois lieues de distance. A midi, l'altitude du soleil fut prise et la latitude trouvée était de 36° 58'. A 15 heures, ils firent un repérage pour atteindre la pointe Pinos , mais cette pointe ne fut pas visible à cause du brouillard. A 16 heures le brouillard se dissipe, et à 17 heures ils aperçoivent la pointe qui protège le port de Monterey. La variation de l'aiguille a été observée et trouvée être de 12° 58' E. Ils ont eu quelques difficultés à trouver un bon mouillage, mais y sont finalement parvenus sur un fond sableux.

Le 26 juin, le commandant Ayala a envoyé sa vedette à terre avec du courrier et des documents, et à son retour, le navire a été amarré.

Ayala resta dans le port de Monterey jusqu'au 26 juillet, période pendant laquelle il déchargea sa cargaison, prit du lest, de l'eau et du carburant, raccommoda les voiles et répara le navire, qui en avait cruellement besoin, la sixième planche étant immergée à la dunette. remplacé sur une longueur d'un mètre et demi.

Il se prépara à partir pour le port de San Francisco récemment découvert.

Partant de l'abri de Monterey, situé à 36°° 33' de latitude et 16° 45' de longitude ouest de San Blas jusqu'au port nouvellement découvert de San Francisco, le 26 juillet 1775.

Ce jour-là, il était impossible de naviguer à cause du vent venant de direction contraire.

Le 27 juillet, la vedette a remorqué le San Carlos jusqu'à ce qu'il atteigne un vent de sud-ouest et navigue en direction nord-ouest 45 . A midi, la pointe Pinos a été aperçue, orientée vers le sud à 13°, à cinq milles de distance ; à 15 heures, il avait disparu de la vue. Très peu de temps après, Point Año Nuevo apparut et les terres qui lui étaient adjacentes, distantes d'environ quatre ou cinq milles. Du 28 juillet au 3 août, peu de progrès furent réalisés à cause des vents contraires du nord-ouest. Le 3 août, à 13 heures, la terre fut aperçue à l'est 1/4 nord-est, distante d'environ douze lieues. Il s'est avéré qu'il s'agissait de Point Año Nuevo. A 19 heures, un autre point apparut, orienté nord 1/4 nord-est, distant d'environ douze lieues, qui fut considéré comme étant Point Reyes. A 22 heures, le vent étant du nord-ouest, le San Carlos s'est dirigé vers l'ouest-sud-ouest et a continué dans cette direction jusqu'à 8 heures du matin le 4, date à laquelle le cap a été changé au nord-nord-est. A midi, l'altitude du soleil fut prise et la latitude fut de 37° 11' et la longitude de 17° 51' à l'ouest de San Blas. A 18 heures, le 4 août, le Farallon le plus méridional du port de San Francisco fut aperçu au nord-ouest, distant d'environ huit lieues. La terre au nord était la pointe Reyes, orientée 4° Ouest, distante d'environ quatorze lieues. A onze heures et demie, la côte étant proche, le cap fut modifié au sud-sud-ouest, jusqu'à 3 heures du matin le 5 août, date à laquelle il fut de nouveau modifié au nord-nord-est 5° nord pour amener le navire au lever du soleil au point c'était au coucher du soleil de la veille. A 5 heures du matin, quatre des Farallones de San Francisco furent aperçus au nord-nord-ouest, à quatre lieues de distance. Point Año Nuevo était au sud-est 1/4 est de douze à quatorze lieues et Point Almejas au nord-est 4° est, distant de trois lieues. À 8 heures du matin, étant près de la terre, le commandant Ayala a abaissé la chaloupe et le pilote Cañizares a été envoyé avec dix hommes pour chercher un mouillage, tandis que le San Carlos poursuivait son chemin le long de la côte. À 9 heures du matin, un fort courant se fit sentir qui les poussa vers la mer, mais à onze heures on constata que le navire approchait de la côte, ce qui convainquit le commandant que c'était dû à la marée, ce qui fut confirmé par les sondages ; en entrant dans le port, comme la première fois, la marée descendait, et la seconde fois, la marée montait. L'altitude du soleil fut prise à midi de ce jour-là, avec le plus grand soin, et la latitude était trouvé être 37° 42' et la longitude 17° 14' W. de San Blas. A cette époque, Point Año Nuevo était distant d'environ quatorze lieues au sud-est ; les Farallones au nord-ouest, distants de quatre lieues, et Point Reyes au nord 1/4 nord-est, distants de quatre lieues. Le vent venait de l'ouest. A 16 heures, le navire fut dirigé vers le nord-nord-est, et une demi-heure plus tard, des sondages furent faits et le fond fut trouvé à seize brazas <u>46</u> de boue et de sable mélangés, et distants de l'embouchure d'environ deux lieues. A 17 heures, le fond a été retrouvé sur une quinzaine de brazas , avec le même type de matériau de fond. Le sondage s'est poursuivi et le fond s'est avéré tel qu'indiqué sur la grande carte. Le courant était si fort à l'embouchure de ce port qu'à 20h30, avec un fort vent d'ouest-sud-ouest toutes voiles dehors, le courant ne leur permettait pas de parcourir plus d'un mille et demi à l'heure, ce qui montre que le courant doit parcourir au moins six milles au milieu du canal. La rapidité du courant, le fait que la chaloupe n'était pas revenue et que la nuit approchait, obligeaient à chercher un mouillage ; cela a été fait avec beaucoup de soin et de précaution ; comme la force du vent obligeait à avoir toutes les voiles, on craignait qu'une partie du gréement ne cède. Pour cette raison, des sondages ont été effectués continuellement avec un 20-lb. du plomb, et une ligne de soixante brazas ne pouvait atteindre le fond, ni dans le canal, ni près de la pointe. Cela semblait très étrange jusqu'à ce qu'on se rende compte que le courant transportait le plomb et qu'il n'atteignait pas le fond. Ils continuèrent ainsi jusqu'à ce qu'ils fussent à une lieue de l'embouchure de la baie et à un quart de mille du rivage, lorsque le vent cessa brusquement. Constatant que le courant entraînait le navire vers l'embouchure, une ancre fut jetée par-dessus bord, après l'avoir amarrée au grand mât, afin que si elle n'attrapait pas le fond , elle ne se perde pas. Il s'est avéré que l'ancre tenait bon. Deux autres ancres étaient prêtes à être larguées au cas où la grosse traînerait. Lorsque le vent s'est arrêté et que le courant a cessé, le navire s'est retrouvé dans vingt-deux brazas , avec un fond sableux 47 .

Le 6 août à 6 heures du matin, la chaloupe, que l'on n'avait pas vue depuis le coucher du soleil de la veille, est arrivée au navire. On a demandé au pilote pourquoi il n'était pas venu à la rencontre du navire lorsqu'il l'a vu naviguer vers le rivage à la recherche de l'entrée de la baie, il a répondu qu'à 18 heures, il avait vu un port convenable pour le paquebot à l'est de l'entrée, et lorsqu'il essaya de sortir, les tourbillons et les tourbillons provoqués par le courant étaient tels qu'il était impossible de progresser, car le courant le ramenait vers le rivage, de sorte qu'il résolut de rester dans le port qu'il avait tenté de quitter. . Ceci, ajouté au fait que les hommes avaient été expulsés, l'a fait attendre jusqu'à 4 heures du matin, avant de tenter à nouveau de sortir, avec le même résultat que précédemment. Pendant ses efforts pour sortir, il aperçut le paquebot, et approchant la proue, il n'eut aucune difficulté à l'atteindre.

A 7 heures du matin, le commandant envoie le pilote examiner un port qui se trouve à l'ouest-nord-ouest. Il le trouva inutile, car, même s'il contenait suffisamment d'eau, le fond était de boue collante. Comme Ayala n'avait alors pas besoin d'abri, il n'entra pas dans ce port, car il craignait de perdre son ancre dans la boue, et aussi parce qu'il était ouvert du sud à l'est, bien que le vent soufflât du côté de la terre, ce qui était à environ deux lieues du port 48 . Il appela ce port " Carmeita ", parce qu'il y avait un rocher qui ressemblait à un frère de cet ordre. Il y avait à proximité un village indien dont les habitants sortaient de leurs huttes et criaient et faisaient signe au navire de s'approcher d'eux. Tandis que les matelots faisaient des sondages et approchaient du rivage, les Indiens dressèrent une perche au sommet de laquelle se trouvaient un grand nombre de plumes. Les matelots n'ayant aucun ordre pour y répondre, restèrent à distance du rivage. Les Indiens, pensant sans doute que les matelots avaient peur d'eux, essayèrent de les rassurer en laissant tomber leurs arcs à terre, et après avoir décrit un cercle en l'air avec les flèches, les enfoncèrent dans le sable. La chaloupe revint à bord, et peu après, les Indiens, d'un point de terre voisin du navire, parlèrent aux matelots en poussant de grands cris, et bien que leurs voix fussent entendues distinctement, elles ne purent être comprises, faute d'interprète. A 9 heures, la vedette est de nouveau renvoyée vers un autre port au nord, qui semble mieux abrité et mieux ancré 49 . Il en était ainsi, et lorsque la vedette est revenue à 10 heures, le pilote a déclaré qu'il avait trouvé le fond entre huit et quatorze brazas et que le fond était collant de boue. A 15 heures, le navire fait route vers le lieu examiné, mais un fort courant l'empêche d'y accéder. On décida alors de jeter l'ancre dans quinze brazas , fond sablonneux, et on y resta toute la nuit, pendant laquelle le navire bougea à cause de la mauvaise qualité des ancres.

Le 7, à 9 heures du matin, le navire partit vers un grand et beau port qui paraissait spacieux. Des sondages ont été effectués et le fond a été trouvé entre douze et quatorze brasas . Il avait été décidé d'aller jusqu'au bout, mais la marée était contraire et il fallut regagner le navire à 13 heures. Les Indiens du rivage appelaient les hommes à grands cris, et le commandant décida d'envoyer la chaloupe. avec le prêtre, le pilote et les hommes armés, avec l'ordre qu'ils ne devaient pas molester les Indiens mais bien les traiter et leur faire des cadeaux, dans ce but le commandant donna aux hommes des perles et autres bibelots et leur ordonna d'observer de bonnes précautions, ainsi qu'au cas où les Indiens montreraient du combat, ils pourraient facilement retourner à la chaloupe, où quatre hommes armés doivent toujours rester pour protéger la retraite. Il est vrai que dès le jour où ils eurent des relations avec les Indiens, on vit combien ils étaient affables et hospitaliers, montrant le plus grand désir que les Espagnols se rendent dans leur village, où, disaient-ils, ils pourraient manger et dormir. Ils avaient déjà préparé à terre un repas de pinole, de pain de maïs et de tomales de celui-ci. Pendant que les Espagnols étaient avec les Indiens, ils trouvèrent que ces derniers répétaient les mots espagnols avec une grande facilité, et par des signes les Espagnols demandèrent aux Indiens de monter à bord du paquebot, mais les Indiens, également par des signes, signifièrent que jusqu'à ce que les Espagnols devaient visiter leur village, ils ne pouvaient pas monter à bord. Peu de temps après, les Espagnols revinrent au bateau et les Indiens disparurent.

Le 8, le pilote et ses hommes furent envoyés dans la chaloupe pour explorer la baie, et le 9 revint et fit son rapport.

Le 12, la chaloupe fut abaissée pour chercher un meilleur mouillage près de l'île Angel, qui est la plus grande de cette baie, et on trouva beaucoup de bons endroits. On a également pensé que c'était une bonne idée d'examiner une autre île, qui s'est avérée très escarpée et aride et qui ne pouvait pas offrir d'abri, même pour le lancement. Cette île était appelée "Alcatraz" 50 en raison de l'abondance des oiseaux qui s'y trouvaient.

Le 13, le navire se dirigea vers un autre mouillage avec neuf bras d'eau à un coup de pistolet de la terre. Le 21, le premier pilote, Don José de Cañizares , revint d'une expédition pour laquelle il avait été envoyé quelques jours auparavant et fit son rapport. Le même jour, le deuxième pilote, Don Juan B. Aguirre, monta avec des hommes frais dans la chaloupe pour tenter de retrouver le groupe que le commandant du présidio avait promis d'envoyer à San Francisco par voie terrestre. Le deuxième pilote n'a pas vu le groupe, mais a exploré un estero qui entre dans les terres à environ douze lieues 51 .

Le 23, quinze Indiens arrivèrent sur un radeau et furent emmenés à bord, où ils furent divertis et reçus à manger. Ils ont appris à demander du pain en espagnol.

De ce jour jusqu'au 6 septembre, les explorations de la baie de San Francisco se poursuivirent et le premier pilote Don José de Cañizares fut chargé de faire son rapport et la carte de la baie.

Le 7 septembre, on tenta de prendre la mer pour le voyage de retour, mais le gouvernail fut blessé par un rocher immergé sur lequel le courant avait emporté le navire.

De ce jour jusqu'au 18 septembre, on passa le temps à réparer le gouvernail et à préparer le voyage de retour, qui eut lieu ce jour-là, en direction de Monterey, où ils arrivèrent le lendemain.

Afin d'effectuer les réparations nécessaires au navire et de passer l'équinoxe dans un bon abri, le San Carlos resta dans le port de Monterey jusqu'au 13 octobre 1775, date à laquelle il partit pour San Blas, où il arriva le 6 novembre de la même année. .

Rapport de Don Juan Manuel de Ayala Commandant du Packet Boat San

Carlos à Don Antonio Maria Bucareli Vice-roi de la Nouvelle-Espagne sur l'examen du port de San Francisco

Votre Excellence :— J'ai terminé les ordres sous lesquels j'ai pris le commandement du San Carlos, en revenant aujourd'hui 6 novembre dans ce port de San Blas, après avoir visité les ports de Monterey et de San Francisco.

Bien que Votre Excellence verra dans le récit de mon examen, accompagné du pilote, le rapport de son examen de Don José Cañizares et la carte qu'il a faite de ce port, la nature du travail effectué. Je ferai néanmoins en ceci un bref compte rendu qui montre que le port de San Francisco est un des meilleurs que j'aie vu sur cette côte depuis le cap Horn.

Après cent et un jours de navigation, j'arrivai au port de Monterey, où je devais rester jusqu'au 27 juillet, déchargeant la cargaison et faisant quelques réparations nécessaires à la sécurité de mon navire. Le 27 juillet, je partais à la recherche du port de San Francisco, où j'arrivais dans la nuit du 5 août. J'y restai quarante-quatre jours, inspectant par moi-même ou par mon pilote, avec toute la précision possible, tout ce qui se rapporte à cette affaire.

Il est vrai que ce port est bon, non seulement pour la belle harmonie qu'offre la vue, mais parce qu'il ne manque pas d'eau douce de très bonne qualité, de bois et de lest en abondance. Son climat, bien que froid, est salubre et exempt de ces brouillards gênants que nous avions quotidiennement à Monterey, car les brouillards atteignent ici à peine l'entrée du port, et une fois à l'intérieur du port, le temps est très clair. A ces nombreux avantages s'ajoute le meilleur : et c'est que les Indiens païens autour de ce port sont si constants dans leur bonne amitié et si doux dans leurs manières, que je les ai reçus avec plaisir à bord plusieurs fois, et j'ai eu le plaisir de les recevoir. les marins leur rendent fréquemment visite à terre ; de sorte que du premier au dernier jour, ils restèrent les mêmes dans leur comportement. Cela m'a fait leur offrir des bibelots, des perles et des biscuits ; le dernier qu'ils ont appris à demander clairement dans notre langue.

Il n'est pas douteux que cette bonne amitié nous ait été d'un grand réconfort, nous permettant de faire avec moins de crainte les reconnaissances qui m'étaient ordonnées. Bien que dans une lettre écrite par Votre Excellence à mon prédécesseur, Don Miguel Manrique, en date du 2 janvier, j'ai lu qu'il était possible que nous trouvions à San Francisco l'expédition terrestre entreprise par le capitaine Don Juan de Anza ; Je n'ai pas refusé pour cela l'offre d'une autre petite expédition terrestre que me faisait le capitaine de Monterey, don Fernando de Rivera. Je ne les vis ni l'un ni l'autre pendant que je restais dans ce port, mais je n'en retardai pas pour autant la reconnaissance. Je ne pouvais pas faire tout cela personnellement, car j'étais en convalescence d'une blessure grave au pied droit, reçue le 3 avril par le coup accidentel d'un pistolet à double canon que Don Miguel Manrique avait laissé chargé dans la cabine. Malgré cela, je suis convaincu que Don José Cañizares a exécuté avec sa compétence habituelle tout ce que je lui ai confié. Je déclare donc à Votre Excellence (afin que le mérite de son travail ne soit pas ignoré) que tant qu'il fut avec moi, il a agi non seulement avec son honnêteté habituelle, mais a montré un si grand talent dans sa profession que dans le au milieu de mes ennuis, je lui trouvai quelqu'un à qui confier les points les plus délicats de mon devoir.

Le 7 septembre, j'ai décidé de quitter le port de San Francisco, estimant que la reconnaissance était terminée et, ce faisant, n'ayant pas de vent, j'ai été emporté par le fort courant contre quelques rochers, blessant le gouvernail et cassant deux femelles et une. boulons mâles. Cela m'obligea d'entrer dans une crique, où je réparai du mieux possible l'accident, et tentai de nouveau de naviguer, une légère brise du nord (la seule que j'ai remarquée dans les quarante-quatre jours) facilitant la navigation. Le 18, parce que le gouvernail était blessé et que ceux qui avaient déjà été sur cette côte m'avaient prévenu qu'à cette époque de l'année le temps était très rigoureux, je résolus de passer l'équinoxe à Monterey et j'y arrivai le 19. Dans ce port, je trouvai la frégate Santiago. La goélette est arrivée le 7 octobre, et je suis parti le 13 pour San Blas, où j'ai mal au pied, mais toujours désireux d'obéir à Votre Excellence.

Je prie le Seigneur de garder la vie de Votre Excellence de nombreuses années.

San Blas, 9 novembre 1775.

Juan Manuel de Ayala.

À Son Excellence, Bailio Frey Don Antonio Maria Bucareli .

Description du port de San Francisco récemment découvert

Situé à Latitude 37° 53' Nord, Longitude 17° 10' Ouest de San Blas

Par le lieutenant Don Juan Manuel Ayala

Placé à environ deux lieues à l'ouest-sud-ouest de la pointe Almejas 52 , latitude 37 ° 42', on voit ce qui suit : Premièrement qu'il HYPERLINK "https://gutenberg.org/files/4978/4978-h/4978-h.htm" \l "linknote-53" est grand, avec deux barrancas rouges 54 , et deuxièmement qu'au nord il y a trois rochers blancs. à deux pas 55 . De là, la côte s'étend vers le nord-nord-est, formant un petit port dans lequel se trouvent cinq rochers submergés près de son rivage ; au-dessus, quelques barrancas blanches 56 , terminées par un bec incliné dont le sommet, au nord, se trouve ce qu'on appelle Angel Point 57 . Celui-ci a à proximité plusieurs rochers 58 , le plus éloigné à une portée de fusil. De ce point il y a un port suffisant pour accueillir n'importe quel navire 59 , non-seulement à cause de son fond, mais parce qu'il est abrité de tous les vents sauf ceux de l'ouest-sud-ouest. Le milieu de ce port se trouve au nord-ouest, où se déverse un abondant ruisseau 60 ; la pointe s'étend au nord-est 1/4 est. Ce port, avec celui à l'intérieur, que j'ai appelé San José 61 , a été trouvé très bon, avec les vents dominants du sud au nord-ouest.

Du Pt. Almejas, au nord-ouest 1/4 ouest, on voit quatre Farallones , distants d'environ quatre lieues. Celui le plus au sud ressemble à un pain de sucre. Au nord-ouest 1/4 nord, à une distance d'environ douze lieues, on aperçoit une montagne 62 qui se termine par une pointe basse. D'après les archives de Sebastian Vizcaino et pilote côtier de Cabrera Bueno, il s'agit de celle appelée Point Reyes. A partir de ce point, la côte s'étend est-sud-est en forme de demi-lune, ouverte à tous les vents du troisième quartier et terminée par deux barrancas au pied desquelles débouche un point bas avec deux rochers immergés. Cette pointe s'appelait Santiago 63 et, avec celle appelée Angel de la Guarda , forme l'embouchure du canal d'entrée du port 64 . En suivant cette rive dans la direction nord-est, on trouve un autre port dans trois petits rochers près du rivage qui, en cas de nécessité, peuvent abriter n'importe quel navire. Ce port 65 se termine au nord par une pointe large, escarpée et brisée, au pied de laquelle se trouve un farallon blanc auquel et à ce point j'ai donné le nom de San Carlos 66 , et avec la pointe San José, qui est distant d'environ une demi-lieue, forme l'entrée de ce port fameux. Il faut garder à l'esprit que tout navire qui entre ou sort de ce port doit prendre la précaution de ne pas s'approcher de la pointe San Carlos, car dans cet endroit existent de violents tourbillons qui rendent inutile le gouvernail, mais doivent prendre le milieu du chenal ou naviguez près des rives de la pointe San José.

Au nord-est, à 1/4 nord du milieu de l'entrée, on aperçoit une île 67 , distante d'environ une lieue et demie. Cette île divise les eaux de crue en deux canaux dans lesquels un navire peut mouiller, notamment celui qui s'étend au nord-est 1/4 nord près de l'île où l'eau et le bois se trouvent en abondance. Le voisinage de l'île offre un si bon mouillage qu'un navire peut mouiller à une portée de pistolet du rivage.

A l'est-nord-est de la pointe San José se trouve un port abrité, enclavé, dont le fond diminue progressivement jusqu'au rivage, où se trouvent de l'eau et un peu de bois 68 . Dans ce port, il n'y a pas de courant, et pour cette raison, et parce qu'il est si près du point que je considère, c'est un des meilleurs mouillages.

Une fois les points San José et San Carlos dépassés, et en ayant soin de laisser de côté le chenal principal, on peut faire un mouillage en tout endroit, parce qu'il est à l'abri de tous les vents ; la seule chose à éviter est le courant, qui dans le chenal principal est de cinq milles, et de trois milles dans ses embranchements.

Ce rapport m'a été fait par le pilote Don José Cañizares , à qui j'ai confié l'examen du port, car j'étais gravement malade.

Reconnaissance du port de San Francisco, avec carte

Rapport du pilote Don José de Cañizares au commandant Don Juan de Ayala

Traduction d'une copie certifiée conforme de l'original aux Archives des Indes à Séville.

Cher Capitaine, Durant les quatre fois que j'ai fait des reconnaissances de ce Port et fait sa carte, j'ai trouvé au nord-est et au nord-nord-est ce qui est montré sur la carte et que je décris ici. Au nord-nord-est d'Angel Island, distante d'environ un mille, se trouve une baie s'étendant dans une direction nord-nord-ouest à sud-sud-ouest. La distance entre les points formant ladite baie est d'environ deux lieues, et la ligne de rivage est d'environ deux lieues et demie. Au nord-ouest du rivage se trouvent trois petites îles, formant entre elles et le rivage un passage étroit d'eau peu profonde fermé au sud-ouest. Cette baie est entièrement entourée de collines avec peu d'arbres, principalement des lauriers et des chênes, mais à distance, à l'ouest-nord-ouest, est visible un bois de ce qui semble être des pins. Au milieu de cette baie se dresse un haut farallon entouré de rochers immergés. Au nord-est de celui-ci, il y a suffisamment d'eau pour le mouillage, comme le montre la carte. Il ne fait aucun doute qu'il s'agit d'un bon mouillage pour les navires, à condition qu'ils disposent de bons câbles et d'ancres, car ils sont soumis à de fortes contraintes en raison du courant qui, à cet endroit, ne peut être inférieur à quatre milles à l'heure 69 .

Au nord-nord-est de ladite baie, il y a une embouchure d'environ deux milles de largeur, où se trouvent quatre petits rochers blancs, les deux nord avec les deux sud 70 forment un chenal de neuf brazas de profondeur. De là, on passe à une autre baie 71 plus spacieuse, dont le diamètre est d'environ huit lieues, sa forme est un parfait triangle isocèle ; son embouchure est divisée en deux canaux : l'un, du côté de la côte sud-ouest, tourne vers le nord-ouest à environ un mille de distance et se termine par deux grands ports qui sont situés sur la même côte à environ quatre lieues de distance de la côte. bouche qui communique avec la première baie ; de la pointe nord-ouest du port le plus éloigné au nord de celui-ci, distant d'environ une lieue et demie, en tournant une pointe vers l'ouest-nord-ouest, on aperçoit une grande étendue d'eau 72 , que je n'ai pas examinée à cause du chenal qui on y conduit est extrêmement limité, sa profondeur n'ayant pas trois codos 73 d'eau ; de là, vers l'est-nord-est, suit une île basse, juste au-dessus du niveau de l'eau, se terminant par une division faite par les collines 74 . L'autre canal, spacieux et profond, court directement en direction nord-est jusqu'à atteindre la division des collines par un canon qui court dans la même direction.

Toute la baie, appelée baie ronde (Bahia Redondo), bien qu'elle n'ait pas cette forme, est entourée de collines abruptes, sans arbres, à l'exception de deux endroits sur les pentes faisant face aux deux ports au sud-ouest. Le reste est aride, accidenté et d'aspect mélancolique. En dehors des canaux, il y a dans cette baie environ cinq codos d'eau, et à marée basse deux et demi, et en certains endroits elle est sèche. Il n'est pas difficile d'entrer dans cette baie, mais en sortir sera difficile à cause du vent du sud-ouest. Après un examen attentif de sa rive, je n'ai trouvé aucune eau douce ni aucun signe d'eau douce. Dans le canyon , qui est au nord-est, se trouve un canal de 75 milles et demi de largeur, profond et clair. À l'est de son entrée se trouve une ranchería d'environ quatre cents âmes. J'ai eu des relations avec eux, mais je n'ai rien acheté, bien que je leur ai offert des perles que vous m'aviez données à cet effet, et quelques vieux vêtements de moi. Leur connaissance fut utile à mes hommes et à moi, car ils nous présentèrent des poissons exquis (parmi eux du saumon), des graines et du pinole. J'ai eu l'occasion de leur rendre visite quatre fois et je les ai trouvés toujours aussi amicaux que la première fois, remarquant chez elles des manières polies et, ce qui est mieux, la modestie et la retraite des femmes. Ils ne sont pas disposés à mendier, mais acceptent avec bonne volonté ce qu'on leur donne, sans être impertinents, comme le sont bien d'autres que j'ai vus lors de la conquête. Ce village indien a des chalands ou des canots en tule, si bien construits et si bien tissés qu'ils m'ont causé une grande admiration. Quatre hommes y montèrent pour aller pêcher, poussant avec des rames à deux bouts avec une telle vitesse que je trouvai qu'ils allaient plus vite que la chaloupe. C'étaient les seuls Indiens avec lesquels j'avais des communications dans cette partie du nord.

En suivant ledit chenal à une distance à l'ouest de son embouchure, il y a un port si spacieux, si accessible, abondant en eau douce et en bois, et abrité de tous les vents, que je le considérais comme un des meilleurs ports intérieurs que notre Souverain ait pour ancrer une flotte de navires. Je l'ai appelé Puerto de la Asumpta , après l'avoir examiné le jour de la fête de ce saint 76 .

Au sud-est de ce port 77 le canon continue, jusqu'à rejoindre le chenal du village indien. En suivant une distance de trois lieues dans la direction est-nord-est, elle entre dans une autre baie 78 d'une profondeur de treize brazas , diminuant à quatre où certaines rivières 79 se vident et prennent la salinité de l'eau qui y devient douce, comme dans une lac. Les rivières viennent, l'une de l'est-nord-est (c'est la plus grande, large d'environ deux cent cinquante mètres), l'autre, qui a de nombreux bras, vient du nord-est à travers des tulares et des marécages dans des terres très basses, les canaux ne dépassant pas deux brazas avec des barres de sable à leur embouchure, où j'ai trouvé en sondant l'eau pas plus d'une demi- braza . Cela m'a fait penser qu'ils n'étaient pas navigables, d'autant plus que la deuxième fois que j'y suis entré, j'ai touché le fond aussi bien dans les chenaux que sur les barres. La baie où se déversent ces rivières est un autre port plus grand que l' Asumpta , où n'importe quel navire peut entrer, mais il serait difficile d'obtenir du bois, qui est loin du rivage. Toute la côte orientale est couverte d'arbres ; celle de l'ouest est aride, sèche, pleine de sauterelles et impossible à coloniser. C'est tout ce que j'ai reconnu au nord d'Angel Island. Au sud-est de ladite île, le long de l'estero se trouve le suivant :

A l'est de cette île, à une distance d'environ deux lieues, il en est une autre, escarpée et stérile, sans aucun abri, qui partage l'embouchure du chenal en deux 80 , par où la mer entre à une distance d'environ douze lieues. . La largeur de ce canal est dans certaines parties d'une, deux et trois lieues ; sa profondeur n'est pas de quatre brazas , sa largeur est ample, mais un coup de pistolet en dehors du canal ; sa profondeur n'est pas supérieure à deux bras . L'extrémité de ce détroit, vers l'est, forme avec une pointe une poche qui, à marée basse, est presque à sec 81 . Partout on voit des perches enfoncées (dans la boue), avec des plumes noires, des bouquets de tule et des petits coquillages, qui je crois sont des bouées pour la pêche, puisqu'ils sont dans l'eau. Je pense qu'il sera impossible de mouiller pendant trois lieues à l'intérieur de ce bourbier, parce qu'il est tellement exposé aux intempéries qu'il faut de solides câbles et un bon mouillage pour résister au fort courant du nord.

La partie nord-est de ce marécage est entourée de hautes collines et a à son embouchure un épais bois de chênes, et à l'autre extrémité des bosquets d'épais séquoias. Au sud-ouest de la côte se trouve un petit bourbier, navigable uniquement par des vedettes 82 , et sur la côte deux ports 83 où les navires peuvent mouiller. À l'est, il y a un village indien, sauvage, comme ceux de Monterey. Cette partie semble avoir de meilleurs endroits pour les missions, même si je ne l'ai examinée que de loin.

Tout ce qui précède indiqué dans ce rapport est ce que j'ai observé, vu, examiné et sondé, pendant les jours où, par vos ordres, j'ai été à la reconnaissance de ce port de San Francisco dans son intérieur ; et pour preuve, je le signe dans ce nouveau port de San Francisco, à l'abri d'Angel Island, le 7 septembre 1775.

José de Cañizares .

Index des lieux

Île des anges

Point d'Ange

Année Nuevo, Punta de

Arroyo de San Francisco

Arroyo Seco

Plage du Boulanger

Barranca

Baie de Ballenas

Bonita, Point

Brazas

Californie, Basse-Californie

Californie, Golfe de

Canada

Canada des Osos

Canada de San Andrés

Cármelo , Pt

Cármelo , baie

Cármelo , Rio del

Carquines , détroit

Cerralbo , Baie de

Codo

Fleuve Columbia

Concepción, Laguna de la

Concepción, Point

Diegueños

La Baie de Drake

El Buchón

El Oso Flaco

Ensenada

Baie de Suisun

Tamalpais, montagne

Les Frères (rochers)

Les Sœurs (rochers)

   Baie de Tomales

   Velicata

Crique de Yerba Buena

Index des personnes

NOTES DE BAS DE PAGE :

1 [Sierra de Santa Lucia.]

2 [Audiencia, la plus haute instance judiciaire.]

3 [Le système de l'encomienda conférait des droits féodaux aux découvreurs. Les Indiens sont devenus vassaux des seigneurs espagnols.]

4 [Vizcaino dit qu'il partit à la découverte de la côte de la mer du Sud avec deux navires, une lancha et un barcoluengo . Une lancha était un petit navire n'ayant pas de pont mais un seul mât et propulsé par des flèches. Vanegas appelle le navire une fragata . Un barcoluengo , ou barcolongo , était un long bateau ouvert.]

5 [Le deuxième voyage de Vizcaino présente un intérêt particulier pour les Californiens car les noms qu'il a donnés aux diverses caractéristiques géographiques de la côte subsistent. Les détails du premier voyage sont tirés en grande partie des publications de la Southern California Historical Society sur les documents de la collection Sutro .]

6 [Sutro Col. Pub. Histoire de la Californie du Sud. Socy .]

7 [Le professeur George Davidson identifie le Rio de los Reyes comme Rogue River par 42° 25'.]

8 [À propos du cap San Quintin, la latitude de leur mission la plus septentrionale.]

9 [Instruccion qua ha de observer el Teniente de Infanteria . Dn Pedro Pages, 5 janvier 1769. Documents d'État provinciaux ; i , 38.9, Mme Spanish Archives of California.]

10 [Ainsi appelé de la cuera , une veste en cuir portée par eux comme armure défensive.]

11 [Dans l'Ouest. Mars-juillet 1902.]

12 [Crêpes.]

13 [Le point des hommes morts. Le nom a disparu des cartes modernes, mais on le retrouve sur toutes les anciennes. C'est au pied de la rue H que les wagons du ferry Coronado se dirigent vers le quai.]

14 [Je suis bien conscient que cette affirmation sera contestée par quelqu'un dont l'étude des documents originaux et la puissance d'analyse font de lui peut-être la plus grande autorité sur les débuts de l'histoire de la Californie ; mais je suis néanmoins prêt à maintenir ma position.]

15 [Carga, 275 livres.]

16 [C'est pourquoi les soldats du présidial étaient appelés Soldados de Cuera et se distinguaient ainsi des soldats de l'armée régulière.]

17 [Journal Historique de los viages de Mar et de tierra hichos al norte de la Californie. Mme Original dans la bibliothèque Sutro .]

18 [La ligue est la ligue espagnole des 5 000 varas . 2,63 milles.]

19 [Ils lui donnèrent aussi le nom de Santa Ana, dont ils venaient de célébrer la journée, le 26 juillet.]

20 [Parfois appelé le Grand Pardon d'Assise — la grande indulgence des Franciscains. Initialement accordé à saint François pour l'église Notre-Dame des Anges de Porciúncula , il a été, par indult apostolique, agrandi pour accompagner l'enfant de saint François partout où il se trouve. Il lui suffit d'ériger un autel et cet autel lui sera Sainte Marie des Anges, et il y trouvera la Porciúncula des révélations. Quiconque se confesse et reçoit le sacrement dans l'église de Porciúncula obtient la rémission plénière de ses péchés dans ce monde et dans l'autre. Cette indulgence n'est valable que pour le 2 août, c'est-à-dire de l'après-midi du 1er août jusqu'au coucher du soleil du 2 août.]

21 [C'est à cet incident que la ville de Los Angeles doit son nom. Le nom complet de baptême de la ville est Nuestra Senora La Reina de los Angeles – Notre-Dame, Reine des Anges. Il a été fondé en 1781, par ordre royal, le deuxième pueblo établi en Californie.]

22 [Ranchería est le nom donné à un village ou une ville indienne.]

23 [La Vallée des Ours.]

24 [Les chroniqueurs appliquaient le mot cañada soit à un cañon , soit à une vallée ouverte.]

25 [Le mot ensenada , très utilisé par les explorateurs espagnols, désigne une anse ou une rade ouverte, et non une baie fermée et protégée.]

26 [" Transporteur fr Xamus al Modo qui vient avec les femmes fr Andalousie ," Crespi : Noticias de la Nueva California de Palou , ii. 181.]

27 [Les noms donnés sur cette partie de l'itinéraire ont tous disparu, mais sont ici donnés à titre de suggestion à l'Ocean Shore Railroad.]

28 [Les puces.]

29 [Il faut garder à l'esprit que ce qu'ils appelaient la Baie ou le Port de San Francisco était cette étendue d'eau qui s'étendait de Point Reyes à Point San Pedro et connue plus tard sous le nom de Golfe des Farallones .]

Portolá a vu depuis les montagnes de Montara était la cassure des falaises de Ballenos , une vallée profonde et étroite qui s'étend directement de la baie de Ballenos à la baie de Tomales , sur quatorze milles.]

31 [Le Golden Gate et la baie de San Francisco.]

32 [La baie de San Francisco a continué à être appelée « Estero », jusqu'à ce que quelque temps après que le colonel Anza ait établi le présidio et la mission de San Francisco en 1776.]

33 [Le nom actuel, Cañada de San Andres, a été donné par Rivera, le 30 novembre 1714.]

34 [En novembre 1774, Rivera remonta la péninsule pour une expédition d'exploration et à l'endroit où il avait campé lors de la première expédition en 1769, il planta une croix pour marquer l'endroit d'une mission. En mars 1776, le colonel Juan Bautista de Anza, venant sélectionner les sites du Presidio et de la Mission de San Francisco, remarque cette croix sur la rive de l'Arroyo de San Francisco (aujourd'hui ruisseau San Francisquito), à environ cent pas au-dessus du grand séquoia, et dit que le projet d'une mission là-bas a été abandonné parce que le ruisseau était à sec en été. Je note cette explication car une excellente autorité a localisé le camp de Portolá sur le ruisseau Redwood.]

35 [Je donne à Ortega le mérite d'avoir découvert le Golden Gate et le détroit de Carquinez . Le témoignage me semble suffisant.]

36 [Vizcaino au roi, 23 mai 1603. Pub. Hist. Socy . de Californie du Sud, Vol. ii, partie 1.]

37 [Le jour des Saints Innocents, il n'était pas possible de dire la messe. Nous en sommes désolés, car c'est le seul jour de fête dans tout le chemin jusqu'à présent où nous avons été sans messe. Nous sommes coincés dans un trou de boue et sommes incapables de bouger de l'endroit où nous sommes tous mouillés, et il n'est pas possible de faire un voyage vers une plaine sèche car c'est de l'eau bouillonnante - Crespi , Diario .]

38 [Crespi : Journal .]

39 [Palou : Noticias de la Nueva California.]

40 [Inverné — à l'hiver.]

41 [Manuel Orozco y Berra, Apuntes Airs. la Historia de la Geografia an Mexico, Anales del Ministryio de Formento de la Republica Mexicana Tomo VI, p. 269. Documents des Archives des Indes, Séville.]

42 [Ceci est un résumé du document. Une traduction complète serait trop fastidieuse pour un travail de ce genre.]

43 [Sur les îles Tres Marias.]

44 [Don Pedro Fages . Commandant de Californie, qui avait été rappelé.]

45 [Bancroft. Hist. de Californie, dit qu'Ayala a quitté Monterey le 24 juillet. C'était pour que la navigation corresponde aux théories de Bancroft.]

46 [Braza —Fathom : Six pieds.]

47 [Ayala ancrée à l'intérieur de Port Point—le mouillage de Presidio.]

48 [Baie de Richardson.]

49 [Île des Anges.]

50 [Alcatraz—Pélican]

51 [La partie sud de la baie.]

52 [Pt. San Pedro.]

53 [C'est-à-dire : Pt. Almejas ou Pt. San Pedro.]

54 [Barranca : La définition du dictionnaire est un ravin ou un ravin, mais cela signifie aussi une haute falaise ou une falaise et c'est dans ce sens qu'elle est utilisée par ces explorateurs.]

55 [c'est-à-dire : du Pt. Alméjas .]

56 [Rochers de Cliff Rouse.]

57 [Punta del Ángel de la Guarda —Point Lobos.]

58 [Rochers à phoques.]

59 [Plage des Boulangers.]

60 [Ruisseau Lobos.]

61 [c'est-à-dire : à l'intérieur de Point San Jose—Fort Point.]

62 [Tamalpais]

63 [Pointe Bonita. Le nom actuel lui a été donné en 1776.]

64 [Détroit du Golden Gate.]

65 [ie : L'avant-port ; à l'extérieur du Golden Gate.]

66 [Pointe à chaux.]

67 [Île des Anges.]

68 [Le mouillage du Presidio.]

69 [C'est le plan d'eau entre Pt. San Pedro, partie 1. San Pablo, partie 1. Richmond et la péninsule de Tiburon. Le haut farallon est Red Rock.]

70 [Les rochers sont Les Sœurs et Les Frères.]

71 [Baie de San Pablo.]

72 [Marécage de Napa. Le marais était évidemment sous l'eau, et l'île numéro un, avec l'île Mare, formait une longue île.]

73 [Codo —1 1/2 pieds.]

74 [Île de Maré. La division des collines ou canon est le détroit de Carquines .]

75 [Détroit de Carquines .]

76 [L'Assomption de la Vierge — 15 août. C'est la baie de Southampton .]

77
[C'est-à-dire de Puerto de la Asumpta .]

78 [Baie de Suisun.]

79 [Le Sacramento et San Joaquín. La baie de Suisun a longtemps été connue sous le nom de Puerto Dulce – port d'eau douce.]

80 [Yerba Buena ou Île aux Chèvres. Cañizaries l'a marqué sur la carte (c) pour l'île d' Alcatraces , mais c'était évidemment une erreur, comme le montrera une comparaison de l'entrée dans le journal sous la date du 12 août avec la carte.]

81 [vasières d'Oakland et de Berkeley.]

82 [Ruisseau Islais .]

83 [Crique Yerba Buena et baie de Mission .]
